Julika Schira

Verhaltenstherapie und Musiktherapie für Kinder mit Autismus

Methoden und Wirkungsweise der beiden Interventionen

Bibliografische Information der Deutschen Nationalbibliothek:

Die Deutsche Nationalbibliothek verzeichnet diese Publikation in der Deutschen Nationalbibliografie; detaillierte bibliografische Daten sind im Internet über http://dnb.d-nb.de abrufbar.

Impressum:

Copyright © Science Factory 2019

Ein Imprint der Open Publishing GmbH, München

Druck und Bindung: Books on Demand GmbH, Norderstedt, Germany

Covergestaltung: Open Publishing GmbH

Inhaltsverzeichnis

Abkürzungsverzeichnis IV

1 Einleitung 1

2 Autistische Störungen 4
    2.1 Geschichte des Begriffes „Autismus" – ein Überblick 4
    2.2 Klassifikation nach ICD-10 und DSM-V 5
    2.3 Formen autistischer Störungen und ihre Symptomatik 8
    2.4 Autistische Störungen und Intelligenz 13
    2.5 Ursachenforschung und der Aufbau von Interventionen 14

3 Verhaltenstherapeutische Interventionen bei autistischen Störungen 17
    3.1 Grundlagen der Verhaltenstherapie 17
    3.2 Vier ausgewählte Methoden der Verhaltenstherapie 20
    3.3 Zwischenfazit 32

4 Musiktherapeutische Interventionen bei autistischen Störungen 34
    4.1 Grundlagen der Musiktherapie 34
    4.2 Vier ausgewählte Prinzipien der Musiktherapie 37
    4.3 Zwischenfazit 44

5 Vergleich der Verhaltenstherapie und der Musiktherapie 46
    5.1 Gemeinsamkeiten 46
    5.2 Unterschiede 47

6 Diskussion und Ausblick 55

Literatur- und Quellenverzeichnis 59
    Literatur 59
    Internetquellen 62

Anhang 63

Abkürzungsverzeichnis

APA	American Psychiatric Association
ASD	autism spectrum disorder
ASS	Autismus-Spektrum-Störung
AVT	Autismus-spezifische Verhaltenstherapie
BAG	Bundesarbeitsgemeinschaft
CHAT	Checklist for Autism in Toddlers
DBSH	Deutscher Berufsverband für Soziale Arbeit
DIMDI	Deutsches Institut für Medizinische Dokumentation und Information
DSM	Diagnostischen und Statistischen Manual Psychischer Störungen
ICD	Internationalen Statistischen Klassifikation der Krankheiten und verwandter Gesundheitsprobleme
IQ	Intelligenzquotient
PECS	Picture Exchange Communication System
WHO	World Health Organisation

1 Einleitung

Richtet man einen Blick auf die Anzahl der Veröffentlichungen, die zu dem Thema Autismus bzw. Autismus-Spektrum-Störung in den vergangenen Jahren erschienen sind, dann wird deutlich, dass dieses Thema von aktueller Relevanz ist. Gerade im Bereich der Therapie autistischer Störungen wurden in den letzten Jahren einige Forschungen betrieben und Kataloge mit evidenzbasierten Therapiemethoden veröffentlicht (vgl. Bernard-Opitz 2015, S. 13). Die vorliegende Arbeit befasst sich mit zwei ausgewählten Therapiemöglichkeiten zur Behandlung autistischer Störungen.

Autismus zählt zu den tiefgreifenden Entwicklungsstörungen und ist gekennzeichnet durch eine zentrale Wahrnehmungs- und Informationsverarbeitungsstörung. Autistische Kinder fallen zunächst meist durch ihre Selbstbezogenheit auf, sie leben in ihrer eigenen Welt und scheinen sich vom Alltagsgeschehen abzukapseln. Autistischen Kindern fällt es schwer, sich selbst, ihre Umwelt und die darin lebenden Individuen zu verstehen (vgl. Theunissen 2014, S. 13). Autistische Störungen können zu den wohl schwersten psychischen Erkrankungen des Kindesalters gezählt werden. Die Symptome verursachen dabei einen Zustand, in dem die soziale Interaktion und Kommunikation beeinträchtigt ist sowie repetitive und stereotype Verhaltensweisen auftreten. Der Schweregrad der Symptome variiert dabei „von geistig behinderten Kindern ohne Sprachentwicklung mit massiver autistischer Symptomatik bis hin zu überdurchschnittlich begabten Personen mit schwächerer autistischer Symptomatik mit einer sehr gut entwickelten Sprache" (Sinzig 2011, Vorwort). Außerdem können zur autistischen Störung komorbide Erkrankungen auftreten, die das autistische Kind noch zusätzlich beeinträchtigen. Die normale Entwicklung des Kindes ist durch die genannten Beeinträchtigungen gestört bzw. gehemmt. Darunter zählt beispielsweise die Sprachentwicklung oder der Beziehungsaufbau zu anderen Individuen. Allgemein sind besonders alle Entwicklungsbereiche, die mit sozialem Lernen in Verbindung stehen, beeinträchtigt. Da die Ursachenforschung im Bereich autistischer Störungen noch nicht abgeschlossen ist, existieren bislang keine Therapien, die eine Heilung der Störung versprechen. Jedoch gibt es einige Möglichkeiten die Symptome der beeinträchtigten Kinder zu lindern, um ihnen zu einem, in ihrem Rahmen möglichen, selbstbestimmten Leben zu verhelfen. Dabei wird empfohlen die Therapie so früh wie möglich zu beginnen, da dies von zentraler Bedeutung für die Erfolgsaussichten sei (vgl. Remschmidt und Kamp-Becker 2008, S. 139). Die Kinder können so in ihrer Entwicklung von Anfang an begleitet und in kritischen Entwicklungsaufgaben unterstützt werden.

Aus diesem Grund beziehe ich mich in meiner Arbeit ausschließlich auf die Behandlung autistischer Kinder, wobei dies nicht den Eindruck erwecken soll, dass nur Kinder therapiert werden können. Auch für erwachsene, autistische Menschen gibt es Möglichkeiten der Therapie.

Die Therapie autistischer Störungen stellt im Allgemeinen kein klassisches Feld der Sozialen Arbeit dar, sondern ist eher ein Aufgabenfeld der Psychiatrie. Dennoch trifft man auch im Rahmen des Aufgabenfeldes der Sozialen Arbeit auf autistische Menschen. Arbeitsfelder, in denen Sozialarbeiter[1] autistischen Menschen begegnen, sind zum Beispiel Behindertenwerkstätten, sozialpädagogische Tageseinrichtungen, Schulen mit Förderschwerpunkten der sozialen, emotionalen Entwicklung und des Lernens oder aber auch in Wohnheimen für Menschen mit Behinderungen.

Im Rahmen meiner beruflichen Nebentätigkeit in einem Wohnheim für Menschen mit geistiger Behinderung, wurde meine Aufmerksamkeit von einem jungen, autistischen Mann geweckt und in diesem Zusammenhang auch mein Interesse an diesem Thema. Genauer befassen möchte ich mich in meiner Arbeit mit zwei möglichen Interventionsmethoden in der Behandlung autistischer Störungen. Explizit werde ich die verhaltenstherapeutisch ausgerichteten Interventionen und die musiktherapeutisch ausgerichteten Interventionen in Bezug auf die Behandlung autistischer Störungen an Hand von ausgewählten Methoden und Prinzipien darstellen. Dabei erhebe ich keinerlei Anspruch auf Vollständigkeit aller angewandten Methoden und Techniken. Die exemplarisch ausgewählten Methoden und Prinzipien sollen lediglich die Anwendung der unterschiedlichen Therapien veranschaulichen. Bevor ich auf die einzelnen Therapieformen genauer eingehe, werde ich allgemein grundlegende Informationen zum Thema Autismus darlegen und die wichtigsten Formen des Autismus definieren. Darauf folgend werden, wie bereits erwähnt, die Verhaltenstherapie und die Musiktherapie in Anwendung auf die Behandlung autistischer Störungen untersucht und anschließend miteinander verglichen. Hierbei werde ich meinen Fokus auf Gemeinsamkeiten und Unterschiede der zwei Therapieformen legen, sowohl in der Herangehensweise, als auch der möglichen Wirkungen der Therapien. Einerseits möchte ich die Wirkungsweise der Therapieformen offenlegen und andererseits auf die Wirkungsziele eingehen. Auf

---

[1] Zur besseren Lesbarkeit des Textes wird fort folgend auf eine Genderisierung verzichtet. Bei der Verwendung der männlichen Schreibweise sind aber gleichermaßen alle möglichen Geschlechter mit angesprochen. Ausnahme bilden manche wörtlichen Zitate und Vergleiche, die dann als solche gekennzeichnet sind bzw. gegendert werden.

welche Art und Weise wirken die beiden Therapieformen bei autistischen Kindern und was bewirken diese? In einer abschließenden Diskussion werde ich meine eigene Stellungnahme zu den verschiedenen Therapieformen einbringen und genauer auf die Relevanz der Thematik für die Profession der Sozialen Arbeit eingehen.

2 Autistische Störungen

Autismus, autistische Störung oder Autismus-Spektrum-Störung, es kursieren mittlerweile viele verschiedene Begrifflichkeiten, die letzten Endes dasselbe Krankheitsbild beschreiben und sich mit der gleichen Thematik befassen. Durch Weiterentwicklungen in der Forschung, unterliegt dieses Krankheitsbild jedoch immer wieder einer Veränderung, von einer Konkretisierung und Spezifizierung bestimmter Kernsymptomen bis hin zu einem Aufbruch der starren Sichtweise auf konkrete Syndrome und die Vorstellung eines Krankheitsspektrums. In der folgenden Arbeit werde ich den Begriff der autistischen Störung verwenden, um alle Formen der Autismus-Spektrum-Störung damit einzuschließen.

In dem nun folgenden Kapitel wird es unter anderem um den Begriff des Autismus gehen und wie dieser bzw. die Entwicklungsstörung in den Diagnoseklassifikationssystemen definiert wird. Es wird auf die speziellen Symptome der autistischen Störungen eingegangen, sowie auf Formen der autistischen Störung. In komprimierter Form wird zudem Bezug auf die Intelligenz bei autistischen Störungen, die Ursachenforschung der Störung und den Aufbau von Interventionen genommen.

2.1 Geschichte des Begriffes „Autismus" – ein Überblick

Der Begriff Autismus leitet sich von dem griechischen Wort „autos" ab und bedeutet „selbst". Von seiner etymologischen Abstammung ausgehend weist der Begriff somit auf die wohl offensichtlichsten Merkmale autistischer Menschen hin, ihre Selbstbezogenheit und Abkehr von der sie umgebenden Umwelt. Autismus wird auch als eine Wahrnehmungs- und Informationsverarbeitungsstörung bezeichnet, „die durch eine Verzögerung und Abweichung in der Entwicklung von sozialen, kommunikativen und anderen Fähigkeiten gekennzeichnet [ist]" (Remschmidt und Kamp-Becker 2008, S. 135).

Der Begriff wurde erstmalig 1911 von Eugen Bleuler, einem Schweizer Psychiater für eine Symptomatik bei schizophrenen Psychosen eingeführt. In diesem Kontext verstand Bleuler den Begriff des Autismus als eine Art Grundsymptom der Schizophrenie, und beschrieb damit den egozentrischen Rückzug seiner Patienten (vgl. Poustka et al. 2008, S. 5). Menschen mit dieser Symptomatik lösen sich von der Wirklichkeit und ziehen sich in eine Art Binnenwelt zurück. Damit beschreibt Bleuler schon damals die typischen Symptome von autistischen Störungen, allerdings ausschließlich in Bezug auf schizophren Erkrankte. Über dreißig Jahre später publizierten Leo Kanner (1943), ein Kinderpsychiater aus den USA, und Hans

Asperger (1944), ein Pädiater aus Österreich, unabhängig voneinander auf der Grundlage von Bleulers Definition eine neue Begriffserklärung des Autismus. Sie sahen den Autismus als eine psychische Störung bei Kindern und Jugendlichen, als ein eigenständiges Krankheitsbild und nicht als Unterform der Schizophrenie wie bei Bleuler. Kanner begründete zu dieser Zeit den Begriff des „frühkindlichen Autismus". Asperger hingegen, dessen Forschungen große Überschneidungen mit denen Leo Kanners aufwiesen, prägte den Begriff des „Asperger-Syndroms" (von Asperger als „autistische Psychopathie" benannt). Auf beide Begriffe wird in Kapitel 2.3 noch näher eingegangen. Fest steht jedenfalls, dass sowohl Kanner als auch Asperger bereits mit ihren Definitionsversuchen grundlegende Symptomatiken der heute geltenden Definitionen beinhalteten (vgl. Myschker 2005, S. 434 und Poustka 2009, S. 332).

Heute zählt Autismus zu den „Tiefgreifenden Entwicklungsstörungen" und wird in verschiedenen Klassifikationssystemen, wie der Internationalen Statistischen Klassifikation der Krankheiten und verwandter Gesundheitsprobleme (ICD) und dem Diagnostischen und Statistischen Manual Psychischer Störungen (DSM) aufgeführt, auf die im folgenden Kapitel näher eingegangen wird. Hierin wird unterschieden in den Frühkindlichen Autismus, den Atypischen Autismus, das Asperger-Syndrom, das Rett-Syndrom, andere desintegrative Störungen des Kindesalters, die überaktive Störung mit Intelligenzminderung und Bewegungsstereotypien, sonstige tief greifende Entwicklungsstörungen sowie weitere tief greifende Entwicklungsstörungen, die nicht näher bezeichnet sind (vgl. DIMDI 2016, S. 222f.). Seit 2013 wird auch der Begriff der Autismus-Spektrum-Störung, der im Folgenden noch genauer betrachtet wird, verwendet. Dieser Begriff fasst alle Formen des Autismus zusammen und bezieht sich grundsätzlich auf den Frühkindlichen Autismus, den Atypischen Autismus und das Asperger-Syndrom.

2.2 Klassifikation nach ICD-10 und DSM-V

Zur Klassifikation von autistischen Störungen stehen mehrere Klassifikationssysteme zur Verfügung. Die zwei gängigsten Klassifikationssysteme, die ICD und das DSM, sollen hier vorgestellt werden. Die Abkürzung ICD steht für „International Statistical Classification of Diseases and Related Health Problems"[2] und ist ein Diagnoseklassifikationssystem der Medizin für Krankheiten und Gesundheits-

---

[2] dt.: Internationale Statistische Klassifikation der Krankheiten und verwandter Gesundheitsprobleme

störungen, das von der Weltgesundheitsorganisation (WHO) herausgegeben wird. Das ICD hat sich als Klassifikationssystem im deutschsprachigen Raum eher durchgesetzt. Seit 1992 liegt die 10. Auflage des Klassifikationssystems vor, die je nach Forschungsstand immer wieder überarbeitet und aktualisiert wird. Derzeit wird an einer 11. Auflage gearbeitet, die 2018 verabschiedet werden soll. Autismus wird in der ICD-10 unter die "Tiefgreifenden Entwicklungsstörungen" eingeordnet und wie folgt definiert:

> "Diese Gruppe von Störungen ist gekennzeichnet durch qualitative Abweichungen in den wechselseitigen sozialen Interaktionen und Kommunikationsmustern und durch ein eingeschränktes, stereotypes, sich wiederholendes Repertoire von Interessen und Aktivitäten. Diese qualitativen Auffälligkeiten sind in allen Situationen ein grundlegendes Funktionsmerkmal des betroffenen Kindes."

(DIMDI 2016, S. 222)

Die "Tiefgreifenden Entwicklungsstörungen" werden im ICD-10 ferner kategorial in weitere Syndrome klassifiziert. Die zur Autismus-Spektrum-Störung zählenden tiefgreifenden Entwicklungsstörungen sind:

F84.0: frühkindlicher Autismus

F84.1: atypischer Autismus

F84.5: Asperger-Syndrom

Für die Diagnose der jeweiligen Syndrome müssen teilweise unterschiedliche Merkmale gegeben sein, auf die in Kapitel 2.3 näher eingegangen wird.

Ein zweites gängiges Klassifikationssystem ist das DSM, das in der Psychologie Anwendung zur Klassifikation psychischer Störungen findet und von der American Psychiatric Association (APA) herausgegeben wird. DSM steht für "Diagnostic and Statistical Manual of Mental Disorders"[3] und ist vorwiegend im anglo-amerikanischen Raum verbreitet. Seit 2013 (in Deutschland seit 2015) liegt das DSM-V als fünfte Auflage vor. Im Gegensatz zum DSM-IV, das autistische Störungen analog zum ICD-10 unter die "Tiefgreifenden Entwicklungsstörungen" einordnete und weiter kategorial in die genannten Syndrome klassifizierte, kommen die Unterkategorien des Autismus im DSM-V nicht mehr vor. Im DSM-V ist vielmehr von der „Autismus-Spektrum-Störung" die Rede. Dabei wird davon ausgegangen, dass es

---

[3] dt.: Diagnostisches und Statistisches Manual Psychischer Störungen

sich bei autistischen Störungen nicht um unterschiedliche voneinander klar abzugrenzende Störungsbilder handelt, sondern vielmehr um eine Spektrumserkrankung mit folgenden drei Kernsymptomen (auch Symptomtriade genannt), die auch in der grundlegenden Definition der tiefgreifenden Entwicklungsstörungen in der ICD-10 genannt werden:

- Qualitative Beeinträchtigung der wechselseitigen sozialen Interaktion
- Qualitative Beeinträchtigung der Kommunikation
- Stereotypes Repertoire von Interessen und Aktivitäten (vgl. Theunissen 2014, S. 13f.)

Das DSM-V verzichtet somit auf eine Einteilung "autistischer Syndrome" (vgl. Theunissen 2014, S. 24). Die Autismus-Spektrum-Störung reicht demnach "von geistig behinderten Kindern ohne Sprachentwicklung hin zu überdurchschnittlich begabten Personen mit einer sehr gut entwickelten Sprache" (Sinzig und Schmidt 2008, S. 174). Unter die Autismus-Spektrum-Störungen werden insbesondere die nach der ICD-10 klassifizierten Syndrome des frühkindlichen Autismus (F 84.0), des Asperger-Syndroms (F 84.5) und des atypischen Autismus (F 84.1) gefasst (vgl. Remschmidt und Kamp-Becker 2008, S. 135). Zusätzlich wird im DSM-V auf die Kombinationen von Autismus-Spektrum-Störung mit Leitsymptomen anderer psychischer Störungen eingegangen, sodass „medizinische Krankheitsfaktoren, die üblicherweise mit einer Autismus-Spektrum-Störung in Zusammenhang stehen, [..] als Zusatzcodierung 'In Verbindung mit einer Bekannten Körperlichen Erkrankung, Genetischen oder Umweltbedingung' [sic] vermerkt werden" (APA 2015, S. 76) sollten. Es gibt demnach zusätzliche Codes für Komorbiditäten, wie z.B. Epilepsie, Aufmerksamkeitsstörungen oder Intelligenzminderung.

Im Vergleich ist festzustellen, dass das DSM-V das Kontinuum der Autismusstörung betont und auf die Bezeichnung besonderer Syndrome verzichtet, um eine Grenzziehung der Begrifflichkeiten zu umgehen. So kann deutlich gemacht werden, dass es nur graduelle Unterschiede zwischen den einzelnen Formen des Autismus gibt. Diese neue Betrachtungsweise der autistischen Störungen als Spektrumsstörung wird derzeit noch stark diskutiert. Da das ICD-10 im deutschsprachigen Raum dominiert und sich die neue Betrachtungsweise des DSM-V einer Spektrumskrankheit noch nicht vollständig durchgesetzt hat, wird in der nachfolgenden Arbeit Bezug auf die ursprüngliche, kategoriale Klassifikation von autistischen Störungen nach dem ICD-10 genommen.

2.3 Formen autistischer Störungen und ihre Symptomatik

Im folgenden Abschnitt soll nun näher auf die drei häufigsten, tiefgreifenden Entwicklungsstörungen, den frühkindlichen Autismus, das Asperger Syndrom und den atypischen Autismus, eingegangen werden. Diese Formen des Autismus zählen, wie bereits erwähnt, unter die Autismus-Spektrum-Störung nach dem DSM-V.

2.3.1 Frühkindlicher Autismus (F 84.0)

Die Form des frühkindlichen Autismus ist nach der ICD-10 „durch eine abnorme oder beeinträchtigte Entwicklung definiert, die sich vor dem dritten Lebensjahr manifestiert. Sie ist außerdem gekennzeichnet durch ein charakteristisches Muster abnormer Funktionen in den folgenden psychopathologischen Bereichen: in der sozialen Interaktion, der Kommunikation und im eingeschränkten stereotyp repetitiven Verhalten" (DIMDI 2016, S. 222). Kinder mit der Diagnose des frühkindlichen Autismus erfüllen somit alle drei genannten Kernsymptome der Autismus-Spektrum-Störung. Sie haben demnach *qualitative Beeinträchtigungen in der wechselseitigen sozialen Interaktion* mit ihrer Umwelt. Dies umfasst Beeinträchtigungen bei Blickkontakt, Mimik, Körperhaltung und Gestik zur Regulation von sozialen Interaktionen. Mit anderen Worten, das nonverbale Verhalten ist eingeschränkt. Diese Kinder sind zudem unfähig, entwicklungsgemäße Beziehungen zu Gleichaltrigen aufzubauen. Sie haben oft keine Freundschaften bzw. auch kein Interesse an anderen Menschen und reagieren nicht oder negativ auf Annäherungen anderer. Kinder mit frühkindlichem Autismus sind nicht in der Lage, Phantasie- oder Gruppenspiele zu spielen oder sich an Aktivitäten mit Gleichaltrigen zu beteiligen. Initiative zur sozialen Interaktion zeigen diese Kinder von sich aus quasi nicht. Des Weiteren sind Kinder mit frühkindlichem Autismus unfähig sozio-emotionale Gegenseitigkeit zu verspüren. Sie spenden keinen Trost und lassen sich auch nicht trösten. Insgesamt ist ein Mangel an einem Austausch von Zärtlichkeiten zu verzeichnen. Diese Kinder strecken oftmals auch die Arme nicht entgegen, um auf den Arm genommen zu werden. Der Körperkontakt zu einer anderen Person wird häufig nur zu Verständigungszwecken gesucht, um dieser Person beispielsweise zu zeigen, was das autistische Kind für Bedürfnisse hat. So kann es sein, dass ein Kind mit frühkindlichem Autismus abends die Hand der Mutter ergreift und sie in sein Zimmer führt, um zu verdeutlichen, dass es müde ist und zu Bett gebracht werden möchte. Allgemein ist es den autistischen Kindern nicht oder kaum möglich, Empathie und damit Mitgefühl zu verstehen und zu verspüren, da sie selbst in ihrer eigenen Wahrnehmung eingeschränkt sind. Weiterhin fällt es Kindern mit frühkindlichem Autismus schwer spontan Freude, Interessen oder auch Erfolge mit anderen zu teilen. Es findet keine geteilte Aufmerksamkeit mit anderen statt, das beinhaltet auch, dass die Aufmerksamkeit anderer nicht gelenkt wird, um beispielsweise die gegenüberstehende Person aufzufordern einen Gegenstand zu reichen. Die autistischen Kinder zeigen, bringen oder erklären zudem oftmals keine Dinge, die für sie von Bedeutung sind bzw. sein könnten (vgl. Poustka et al. 2008, S. 54 und Theunissen 2014, S. 13).

Eine *qualitative Beeinträchtigung der Kommunikation* bezieht sich auf eine Entwicklungsstörung der gesprochenen Sprache, wobei keine Kompensation durch Gestik und Mimik stattfindet. Nicken, Kopfschütteln, Deuten, um ein Interesse zu bekunden, all diese Gesten sind beim frühkindlichen Autismus nicht oder kaum vorhanden. Die Entwicklung der Sprache setzt hierbei entweder verzögert ein oder bleibt ganz aus. Dies äußert sich zum Beispiel darin, dass diese Kinder relativ unfähig darin sind, eine Konversation zu beginnen oder fortzuführen. Es findet kein soziales Lautieren und Plaudern statt, keine wechselseitige Kommunikation und auch keine Gespräche, die das Interesse am Gegenüber ausdrücken könnten. Außerdem ist eine stereotype und repetitive oder eigentümliche Verwendung der Sprache zu beobachten. Dies umfasst stereotype Lautäußerungen, d.h. die häufige Verwendung gleicher Laute, Wörter oder Sätze in ständiger Wiederholung, und verzögerte Echolalie[4]. Zusätzlich zu dieser Subkategorie zählen die Merkmale, dass die Betroffenen unangepasste Fragen stellen und oftmals Neologismen[5] und/oder idiosynkratische Sprache[6] bilden. Obendrein ist bei Kindern mit frühkindlichem Autismus ein Mangel an spontanen Als-ob-Spielen (Symbolspielen) bzw. sozialen Interaktionsspielen[7] zu beobachten. Es werden in diesem Zusammenhang keine Handlungen spontan imitiert und es findet auch kein phantasievolles oder

---

[4] Echolalie bezeichnet ein zwanghaftes Nachreden von Wörtern und Sätzen, die meistens nicht in den Zusammenhang passen und keinen Sinn ergeben oder eine kommunikative Funktion erfüllen.

[5] Neologismen bezeichnen Wortneuschöpfungen, willkürlich geschaffene Wortneukombinationen, die meist nur dem Autisten selbst verständlich sind.

[6] Idiosynkratische Sprache meint ein Sprachverständnis, bei dem den Wörtern und Sprachwendungen eigensinnige Interpretationen oder andere fernliegende Bedeutungen zugeordnet werden. Sprache weicht hierbei nur in der Bedeutung ab, ist aber meist formal noch korrekt, Syntax und Grammatik werden korrekt angewandt.

[7] Im Spiel wird eine andere Realität konstruiert, die Handlung weicht von der üblichen Realität ab. Ein typisches Beispiel für ein Als-ob-Spiel ist das Mutter-Vater-Kind-Spiel in der frühen Kindheit.

imitierendes soziales Spiel statt (vgl. Poustka et al. 2008, S. 54f. und Theunissen 2014, S. 13f.).

Zuletzt wird in der Definition des ICD-10 das Merkmal eines *eingeschränkten stereotypen repetitiven Verhaltens* genannt. Frühkindliche Autisten beschäftigen sich demnach umfassend mit stereotypen und begrenzten Interessen, wobei der Inhalt der Beschäftigung und die Intensität abnorm sind. So kann es sein, dass Autisten sich enorm lange mit ein und derselben Sache beschäftigen können, sei es zum Beispiel das An- und Ausschalten des Lichtes über einen Lichtschalter. Außerdem halten Autisten auffällig starr an bestimmten nichtfunktionalen Gewohnheiten oder Ritualen fest. Gemeint sind hier sich immer wiederholende Verhaltensweisen, wie beispielsweise ritualisierte Abläufe beim Zu-Bett-Gehen, wobei der Ablauf genauestens strukturiert ist. Es besteht in diesem Zusammenhang ein Widerstand gegenüber geringfügigen Veränderungen im Tagesablauf, sowie gegenüber Veränderungen in der persönlichen Umgebungen des autistischen Kindes. Zwänge, Handlungsrituale und auch Wortrituale sind die Folge. Weiterhin sind unter diesem Merkmal stereotype und repetitive motorische Manierismen zu zählen, also komplexe oft bizarr aussehende Bewegungen einzelner Körperteile oder des ganzen Körpers, die sich oftmals wiederholen. Bei autistischen Kindern sind oftmals Hand- und Fingermanierismen zu beobachten, wie das Schnippen mit Fingern o.Ä.. Hinzukommend beschäftigen sich frühkindliche Autisten vorrangig mit Teilobjekten oder nicht funktionalen Elementen von Gegenständen. Gemeint sind hier ungewöhnliche sensorische Interessen bezüglich des Geruchs, der Oberflächenbeschaffenheit oder auch des Geruchs eines Gegenstandes (vgl. Poustka et al. 2008, S. 55 und Theunissen 2014, S. 14).

Die genannten Merkmale müssen für eine Diagnose des frühkindlichen Autismus nicht alle gegeben sein, allerdings müssen mindestens zwei Merkmale aus dem Bereich der sozialen Interaktion zutreffen, sowie jeweils ein Merkmal aus dem Bereich der Kommunikation und des repetitiven, stereotypen Verhaltens (vgl. Poustka et al. 2008, S. 55f.). „Neben diesen spezifischen diagnostischen Merkmalen zeigt sich häufig eine Vielzahl unspezifischer Probleme, wie Phobien, Schlaf- und Essstörungen, Wutausbrüche und (autodestruktive) Aggression." (DIMDI 2016, S. 222). Diese Form des Autismus wird unter anderem auch als „Kanner-Syndrom", „Infantiler Autismus" oder als „Frühkindliche Psychose" bezeichnet.

2.3.2 Atypischer Autismus (F 84.1)

Der Atypische Autismus „unterscheidet sich vom frühkindlichen Autismus entweder durch das Alter bei Krankheitsbeginn oder dadurch, dass die diagnostischen Kriterien nicht in allen genannten Bereichen erfüllt werden" (DIMDI 2016, S. 222). Das bedeutet, nicht in allen psychopathologischen Bereichen, die für eine Diagnose Autismus erforderlich sind (qualitative Beeinträchtigung der wechselseitigen sozialen Interaktion, der Kommunikation, sowie repetitive, stereotype und ritualisierte Verhaltensweisen), sind Auffälligkeiten nachweisbar. Die Diagnose wird auch dann erstellt, wenn charakteristische Abweichungen auf anderen Gebieten vorliegen. Autisten mit atypischem Autismus erfüllen damit die Diagnosekriterien des frühkindlichen Autismus nicht vollständig, legen jedoch typische Auffälligkeiten des frühkindlichen Autismus an den Tag. Die Symptome können sich dabei bereits vor dem dritten Lebensjahr oder erst nach dem dritten Lebensjahr manifestieren. In der Regel wird diese Form des Autismus aber dann diagnostiziert, wenn sich die beeinträchtigte oder abnorme Entwicklung erst nach dem dritten Lebensjahr manifestiert. „Atypischer Autismus tritt sehr häufig bei schwer retardierten bzw. unter einer schweren rezeptiven Störung der Sprachentwicklung leidenden Patienten auf." (DIMDI 2016, S. 222). Der Atypische Autismus wird auch als „Atypische kindliche Psychose" oder „Intelligenzminderung mit autistischen Zügen" bezeichnet.

2.3.3 Asperger-Syndrom (F 84.5)

Diese Form der autistischen Störungen gilt auch als leichte Form des Autismus. Wie beim frühkindlichen Autismus weist das Asperger-Syndrom die Merkmale der qualitativen Abweichung der wechselseitigen sozialen Interaktion, sowie ein eingeschränktes, stereotypes Repertoire an Interessen und Aktivitäten auf. Im Unterschied zum frühkindlichen Autismus hingegen tritt beim Asperger-Syndrom keine allgemeine Entwicklungsverzögerung bzw. kein Entwicklungsrückstand der Sprache und der kognitiven Entwicklung auf (vgl. DIMDI 2016, S. 223). Das adaptive Verhalten und die Selbstständigkeit müssen in den ersten drei Lebensjahren einer als normal anzusehenden intellektuellen Entwicklung entsprechen (vgl. Poustka et al. 2008, S. 56).

Das eingeschränkte stereotype Repertoire an Interessen und Aktivitäten äußert sich bei Asperger-Autisten häufig durch extremes Interesse für spezielle Themengebiete, wie z.B. Fahrpläne oder Telefonbücher, oder Objekte, wie Fernsehapparate. Das extreme Interesse an diesen Dingen wird oftmals über die sozialen Kontakte gestellt oder in Gesprächen als Gesprächsthema fokussiert. Des Weiteren geht das

Asperger-Syndrom oftmals mit einer auffallenden Ungeschicklichkeit einher, die bis in die Adoleszenz und das Erwachsenenalter andauern kann (vgl. DIMDI 2016, S. 223). Ein anderer Begriff für diese Form der Störung ist „Autistische Psychopathie".

Zur weiteren Veranschaulichung anschließend noch eine eigene tabellarische Auführung der Syndrome:

	Frühkindlicher Autismus	Atypischer Autismus	Asperger-Syndrom
ICD-10-Klassifikation	F 84.0	F 84.1	F. 84.5
Erste Auffälligkeiten	Vor dem 3. Lebensjahr	Im oder nach dem 3. Lebensjahr	i.d.R. ab dem 3. Lebensjahr
Interaktion	Qualitative Beeinträchtigung wechselseitiger sozialer Interaktionen	Atypische Symptomatik, nicht alle drei Hauptkriterien müssen erfüllt sein	Qualitative Beeinträchtigung wechselseitiger sozialer Interaktionen
Kommunikation	Qualitative Beeinträchtigung der Kommunikation		Keine/Geringe Beeinträchtigung der Sprachentwicklung
Interessen und stereotype Verhaltensweisen	Eingeschränkte Interessen und stereotype Verhaltensweisen		Ungewöhnliche und sehr ausgeprägte Interessen und stereotype Verhaltensweisen
Andere Begrifflichkeiten	Kanner-Syndrom oder Infantiler Autismus oder Frühkindliche Psychose	Atypische kindliche Psychose oder Intelligenzminderung mit autistischen Zügen	Autistische Psychopathie

Um eine Diagnose zu stellen, gibt es viele unterschiedliche Checklisten. Die international vermutlich bekannteste Checkliste, ist die *Checklist for Autism in Toddlers (CHAT)*, die von Baron-Cohen et al. (1992) erarbeitet wurde (vgl. Poustka et al. 2008, S. 141). Diese Checkliste wurde ins Deutsche übersetzt, erweitert und modifiziert. Sie stellt einen umfassenden Elternfragebogen dar, mit dessen Hilfe es möglich ist, die frühen Symptome autistischer Störungen im Alter von 24 Monaten zu erfassen. Ein Exemplar der Checkliste findet sich im Anhang.

2.4 Autistische Störungen und Intelligenz

Die autistischen Störungen sind psychische Störungen, die auffallend oft mit anderen psychischen und physischen Problemen assoziiert werden. Dabei gehen diese häufig mit einer Intelligenzminderung bzw. einer intellektuellen Beeinträchtigung einher. Laut Poustka et al. (2008, S. 20f.) lassen Studien der letzten Jahre den Schluss zu, dass die Komorbidität zwischen autistischen Störungen und Intelligenzminderung zwischen 25 und 50% liegt. Diese Intelligenzminderung führt damit bei einem Intelligenzquotienten (IQ) von weniger als 50 ausnahmslos zu einem niedrigen Funktionsniveau und ruft schwerwiegende Verhaltensprobleme hervor, wie zum Beispiel Zwänge, Ängste, Depressionen und die Resistenz gegenüber Veränderungen (vgl. Bölte 2011, S. 592). Somit kann man sagen, dass ein geringes Intelligenzniveau mit Schwierigkeiten beispielsweise beim Lernen, bei dem Erlangen sozialer Unabhängigkeit und dem Ausüben eines Berufes verbunden ist. Daher ist das Intelligenzniveau des autistischen Kindes in der Behandlung sowohl mit Hilfe von verhaltenstherapeutischen, als auch musiktherapeutischen Interventionen ausschlaggebend für die Zielsetzung und infolgedessen wichtig zu berücksichtigen. Kinder mit Asperger-Syndrom weisen zumeist ein normales bis überdurchschnittliches Intelligenzniveau auf und bilden somit das obere Ende der Skala von Autismus-Spektrum-Störungen. Im Gegensatz hierzu bildet das hintere Ende der Skala der frühkindliche Autismus, „da [diese Kinder] in 75 bis 80% der Fälle durch eine deutliche Intelligenzminderung gekennzeichnet [sind]" (Goldberg und Edelson, 2006, zitiert nach Bernard-Opitz 2015, S. 24). Beim frühkindlichen Autismus wird noch weiter differenziert zwischen einem hohen Funktionsniveau (sog. „high functioning") und einem niedrigen Funktionsniveau (sog. „low functioning"), der betroffenen Kinder. Dies bedeutet, dass es Kinder mit frühkindlichem Autismus gibt, die in ihrer Intelligenz eher eingeschränkt sind, aber auch andere, die eine relativ hohe Intelligenz aufweisen. Frühkindlicher Autismus ohne eine geistige Behinderung (IQ > 70) oder mindestens mit einer durchschnittlichen Intelligenz (IQ > 85) werden daher oftmals als High-Functioning Autism bezeichnet. Dies ist aber keine offizielle Diagnoseklassifikation, sondern ein eher inoffizieller Begriff, weswegen hier nicht näher darauf eingegangen wird (vgl. Poustka et al. 2008, S. 11).

Je nach Intelligenzniveau unterscheiden sich die Therapieprogramme in ihren Ansätzen. Bei autistischen Kindern mit einem hohen Funktions- und Intelligenzniveau liegt der Fokus eher auf der Entwicklung des Sozialverhaltens, der Selbstständigkeit, der emotionalen Intelligenz, der Selbstkontrolle und der Kompensation von Lernschwächen. Dahingegen steht bei autistischen Kindern mit einem niedrigen

Entwicklungsniveau der Aufbau von Blickkontakt, einfacher Kommunikation, Nachahmung und Spiel im Vordergrund (vgl. Bernard-Opitz 2015, S. 24).

2.5 Ursachenforschung und der Aufbau von Interventionen

Die Ursache bzw. Ursachen für autistische Störungen sind nach heutigem Wissensstand noch immer nicht ausreichend geklärt. Fest steht nur, dass sie sich nicht durch eine Ursache erklären lassen, sondern mehrdimensionale Faktoren ausschlaggebend sind. Nach vielfältigen Forschungen gibt es heute keine Zweifel mehr daran, dass den autistischen Störungen eine biologische Pathogenese zu Grunde liegt. Nach Remschmidt und Kamp-Becker (2008, S. 135 f.) sprechen die bislang vorliegenden Ergebnisse für die Beteiligung folgender Faktoren, sowie die Möglichkeit einer Wechselwirkung zwischen diesen Faktoren:

- genetische Faktoren
- assoziierte körperliche Erkrankungen
- Hirnschädigungen bzw. Hirnfunktionsstörungen
- biochemische Anomalien
- neuropsychologische Defizite

Aufgrund der noch nicht ausreichend erforschten Ursachen der autistischen Störungen, gibt es bis heute keine ursachenbasierte Behandlung für tiefgreifende Entwicklungsstörungen. Alle Behandlungs- und Interventionsformen setzen bei den Symptomen der autistischen Störung an. Ziel ist es, je nach Ausprägungsgrad der Störung, die soziale Wahrnehmung, die Kommunikations- und Interaktionsfähigkeit, das Spielverhalten, die Emotionsregulation und die Problemlösefähigkeit, sowie die Generalisierungsfähigkeit zu verbessern (vgl. Sinzig und Schmidt 2008, S.183). Das Hauptziel der Therapierung ist also die Beeinträchtigung des jeweils Betroffenen so gering wie möglich zu halten bzw. zu verbessern. Den Betroffenen soll eine größtmögliche Selbstständigkeit und Lebenszufriedenheit ermöglicht werden, ihre Handlungsspielräume und Ausdrucksmöglichkeiten sollen erweitert und somit letztendlich eine bestmögliche soziale Integration gewährleistet werden. Generell sollte eine Behandlung der autistischen Störung so früh wie möglich einsetzen, um die Entwicklung des autistischen Kindes von Anfang an zu begleiten. Dies ist von allergrößter Bedeutung für die Erfolgsaussichten der Therapie bzw. Intervention (vgl. Remschmidt und Kamp-Becker 2008, S. 139). Zusätzlich sollte die Intervention so lange wie möglich andauern, „da der Aufbau von Basis-

Fähigkeiten wie z.b. der Theory of Mind[8] - die sich bei gesunden Kindern eher intuitiv und „nebenbei" [Hervorhebung im Original] entwickelt – bei Menschen mit einer autistischen Erkrankung sehr langer und geduldiger, expliziter Anleitung bedarf" (Remschmidt und Kamp-Becker 2008, S. 139). So kann eine größtmögliche Wirksamkeit der Interventionen nur auf Dauer ermöglicht werden. Jede Therapie bzw. Behandlungsform sollte auf das Individuum ausgerichtet sein, da die Ausprägung der Symptome, der Defizite und der Fähigkeiten individuell verschieden sind. Ein individueller Therapieplan muss für jeden Patienten erstellt werden. „Die Art und Intensität einer angemessenen Intervention bei ASD[9] variiert je nach Alter, Schweregrad, Entwicklungsniveau, Intelligenz, Sprachfähigkeiten und Umgebungsfaktoren [, wie z.b. die familiäre Situation]." (Bölte 2011, S. 590). Außerdem ist die Zusammenarbeit mit den Eltern als „Kotherapeuten" von grundlegender Bedeutung, „um die neu erlernten Fertigkeiten und Fähigkeiten kontinuierlich einzuüben und vor allem, um einen Transfer auf reale Situationen zu ermöglichen" (Remschmidt und Kamp-Becker 2008, S. 139). Denn Eltern sind, anders als Therapeuten, in der Lage mit ihrem Kind ganztägig zu arbeiten. „Darüber hinaus liegt in Kliniken und Schulen der Schwerpunkt tendenziell eher auf kognitiven Schwächen, während sich die Familienmitglieder im häuslichen Umfeld vermutlich stärker auf problematische Verhaltensweisen der Kinder wie Wutausbrüche, zwanghaftes Verhalten oder Bettnässen konzentrieren können." (Sigman und Capps 2000, S. 147). Ohne eine Zusammenarbeit des Therapeuten mit den Eltern wäre eine Festigung der erworbenen Fortschritte somit nicht möglich, da sich neu erlerntes Verhalten erst in der wiederholten Übung festigt und generalisiert.

Es gibt mittlerweile viele verschiedene Behandlungsformen für autistische Störungen. Einige der Behandlungsformen sind empirisch gut abgesicherte Methoden, andere Formen der Behandlung sind eher umstritten oder zweifelhaft. „Die Anzahl wissenschaftlich evaluierter, insbesondere positiv evaluierter Interventionen bei ASD ist begrenzt. Auch die positiv evaluierten Techniken bedürfen weiterer Prüfung in Bezug auf Wirksamkeit und Geltungsbereich." (Bölte 2011, S. 590).

---

8   Im Spiel wird eine andere Realität konstruiert, die Handlung weicht von der üblichen Realität ab. Ein typisches Beispiel für ein Als-ob-Spiel ist das Mutter-Vater-Kind-Spiel in der frühen Kindheit.

9   ASD bedeutet „autism spectrum disorder" und ist gleichzusetzen mit ASS (Autismus-Spektrum-Störungen)

In Kapitel 3 und Kapitel 4 sollen nun die verhaltenstherapeutisch und musiktherapeutisch ausgerichteten Behandlungsformen bei autistischen Störungen vorgestellt und anschließend miteinander verglichen werden. Erstere zählt zu den empirisch gut abgesicherten Methoden, letztere Methode wird häufig zu den zweifelhaft und umstrittenen Methoden gezählt (vgl. Remschmidt und Kamp-Becker 2008, S. 139).

3 Verhaltenstherapeutische Interventionen bei autistischen Störungen

3.1 Grundlagen der Verhaltenstherapie

Die Verhaltenstherapie in Bezug auf die Behandlung autistischer Störungen basiert auf behavioristischen bzw. lerntheoretischen Konzepten, vorwiegend dem Prinzip der operanten Konditionierung nach B.F. Skinner. Die Grundannahme dieses Prinzips ist, dass Verhalten durch vorausgehende Auslöser und nachfolgende Konsequenzen bestimmt wird. Verhaltensprobleme werden hierbei als erlerntes Verhalten betrachtet, die durch die Änderung der Auslöser und Konsequenzen verringert oder abgebaut werden können. Dabei unterscheidet Skinner in fünf Möglichkeiten ein Verhalten zu formen; durch positive und negative Verstärkung, durch zwei Bestrafungsarten (Bestrafung Typ I und Typ II) und durch die Löschung. Von positiver Verstärkung ist immer dann die Rede, wenn auf ein bestimmtes Verhalten eine positive Konsequenz folgt. Erhält ein Kind zum Beispiel die Aufgabe sein Zimmer aufzuräumen, so könnte man, wenn das erwünschte Verhalten gezeigt wird, das Kind durch die Erlaubnis nun Fernsehen zu dürfen belohnen und das gewünschte Verhalten damit verstärken[10]. Unter negativer Verstärkung versteht man die Erhöhung der Auftrittswahrscheinlichkeit eines Verhaltens durch Entfernung eines negativen Stimulus. Das negative Verhalten wird dadurch abgebaut, dass ein positives Verhalten gezeigt wird. Im genannten Beispiel würde das heißen, dass das Kind beispielsweise erst dann sein Zimmer verlassen darf, wenn es dieses aufgeräumt hat. Der negative Stimulus, der entfernt wird, ist hier das Beenden des Zimmerarrestes beim Zeigen des gewünschten Verhaltens.

Eine Bestrafung nach Typ I liegt dann vor, wenn eine negative Konsequenz einem unerwünschten Verhalten folgt. Lernt ein Kind z.B. nicht für seine nächste Klassenarbeit, dann folgt dem eine schlechte Note, was eine negative Konsequenz darstellt[11]. Bei Typ II der Bestrafung folgt dem unerwünschten Verhalten keine negative Konsequenz, sondern eine positive Konsequenz bleibt aus, wird entzogen. Ein

---

[10] Die Beispiele für die verschiedenen Möglichkeiten der Verhaltensformung sind bewusst alltagsnah gehalten und nicht auf autistisches Verhalten bezogen, um das Grundprinzip der operanten Konditionierung leicht verständlich zu machen. In Kapitel 3.2.3 werden noch konkrete Beispiele für autistisches Verhalten aufgeführt.

[11] An dieser Stelle ist es wichtig, dass die negative Konsequenz auch als solche vom Kind wahrgenommen wird. Sind dem Kind Schulnoten z.B. unwichtig, könnten diese in diesem Fall keine negative Konsequenz darstellen.

Beispiel für diese Art der Bestrafung, wäre, wenn einem Kind der Nachtisch entzogen wird, weil es sein Essen nicht aufgegessen hat.

Als Löschung bezeichnet Skinner den Vorgang der Eliminierung eines Verhaltens. Die Löschung geschieht dann, wenn einem Verhalten über einen längeren Zeitraum keine Konsequenz folgt. Zum Beispiel kann ein quengelndes Verhalten eines Kindes, das Süßigkeiten möchte, dadurch gelöscht werden, in dem ihm die Aufmerksamkeit entzogen wird. Das unerwünschte Verhalten verschwindet, da es nicht zum gewünschten Ergebnis führt. Prinzipiell kann durch Bestrafung und Löschung eine Senkung der Verhaltensrate erreicht werden und durch die Anwendung von positiver, sowie negativer Verstärkung die Verhaltensrate für ein Zielverhalten gesteigert werden (vgl. Teufel et al. 2017, S. 74).

Grundsätzliches Ziel der Verhaltenstherapie, sowohl allgemein als auch in Bezug auf die Behandlung autistischer Störungen, ist der Aufbau erwünschten Verhaltens und der Abbau unerwünschten Verhaltens mit Hilfe des beschriebenen Grundprinzips. So sollen unerwünschte Verhaltensweisen bei autistischen Störungen, wie beispielsweise Stereotypien und Zwänge, abgeschwächt und erwünschte Verhaltensweisen, wie kommunikative und soziale Interaktionen, verstärkt werden. Hierzu kommen sogenannte Verstärker zum Einsatz. Dabei wird zwischen positiven und negativen Verstärkern unterschieden. Positive Verstärker sind angenehme Konsequenzen, die die Auftrittswahrscheinlichkeit eines Verhaltens erhöhen. Negative Verstärker sind unangenehme Konsequenzen, die die Auftrittswahrscheinlichkeit eines Verhaltens verringern. Positive Verstärker, wie materielle, soziale, symbolische, sowie Handlungsverstärker, kommen in der therapeutischen Arbeit mit autistischen Kindern häufig zum Einsatz. Die materiellen Verstärker können zum Beispiel Süßigkeiten, Spielzeug, Essen und Trinken, Selbststimulation, Aufkleber oder Material sein, mit dem stereotypes Verhalten ausgeübt werden kann[12]. Unter sozialen Verstärkern versteht man beispielsweise Lob, ein Lächeln, Interaktionsspiele, Aufmerksamkeit, Körperkontakt oder Anerkennung. Diese Art von Verstärker kann in der Arbeit mit autistischen Kindern jedoch erst angewandt werden, wenn dieses die Fähigkeit besitzt den Verstärker als solchen zu identifizieren. Symbolische Verstärker stellen z.B. Münzverstärker dar, dies sind z.B. Spielchips, die für andere Verstärker eingetauscht werden können. Außerdem sind unter diese

---

[12] Material mit dem stereotypes Verhalten ausgeübt werden kann, könnte z.B. ein Blatt Papier sein, mit welchem das autistische Kind seinen stereotypen Wedelbewegungen nachgehen kann.

Kategorie an Verstärkern zum Beispiel Schulnoten zu zählen, sowie die Übernahme von Verantwortung oder auch Privilegien. Handlungsverstärker beziehen sich immer auf zukünftige Aktivitäten. So kann zum Beispiel ein gemeinsamer Besuch im Zoo als Handlungsverstärker fungieren, gemeinsames Musizieren oder aber auch die Erlaubnis zum Fernsehen oder Computerspielen (vgl. Poustka et al. 2008, S. 102 und Bernard-Opitz 2015, S. 68 und Freitag 2008, S. 103). Welche Verstärker bei welchem Kind am ehesten wirksam sind, hängt jeweils davon ab, welche individuellen Bedürfnisse und Interessen vorliegen. Diese können zu Beginn der Therapie mit Hilfe von Verhaltensbeobachtungen und einer Verhaltensanalyse, die im nächsten Abschnitt erläutert wird, eruiert werden.

Die operanten Techniken werden vor allem in der Kinderverhaltenstherapie eingesetzt und nehmen bei der Behandlung autistischer Störungen eine herausragende Rolle ein (vgl. Poustka et al. 2008, S. 102).

Zu Beginn der verhaltenstherapeutisch ausgerichteten Interventionen findet zunächst eine Verhaltensanalyse des Betroffenen statt, um die erwünschten bzw. unerwünschten Verhaltensweisen genau zu definieren und daraus Ziele für die Therapie festzulegen. Eine Verhaltensanalyse bzw. Verhaltensbeobachtung dient als Informationsquelle und findet in so natürlichen Situationen wie möglich statt, um Aussagen über das Verhalten des autistischen Kindes zu treffen und den Entwicklungsstand einzuschätzen. „Die Erhebung des aktuellen Entwicklungsstandes [des Betroffenen findet] hinsichtlich z.B. der Sprachfähigkeiten, der sozialen Interaktion, insbesondere mit Gleichaltrigen, des Spielverhaltens, des Kommunikationsverhaltens sowie des evtl. auftretenden stereotypen und repetitiven Verhaltens [statt]" (Sinzig 2011, S. 92). An den Entwicklungsstand des Kindes können dann die konkrete Vorgehensweise in der Therapie angepasst und dem Entwicklungsstand entsprechende Ziele formuliert werden. Hierzu werden die Bedingungen und Faktoren herausgearbeitet, die mit dem Auftreten und Aufrechterhalten der Problemverhaltensweisen in Zusammenhang stehen (vgl. Poustka et al. 2008, S. 102). Das Auftreten von Stereotypien zum Beispiel hängt oft mit einer Überforderung der autistischen Kinder zusammen. Durch was sich die Kinder überfordert fühlen, gilt es dann aufzudecken.

Des Weiteren können verhaltenstherapeutische Interventionen bei autistischen Störungen nach ihren Zielen bzw. Wirkungsbereichen untergliedert werden. So sind diese entweder so ausgelegt, dass die Kernsymptomatiken in ihren Merkmalen autistischer Störungen behandelt werden oder aber nur spezifische Problemverhaltensweisen (vgl. Poustka et al. 2008, S. 102).

Insgesamt zeigen verhaltenstherapeutische Interventionen jedenfalls die bislang beste Evidenz bei der Behandlung autistischer Störungen (vgl. Bölte 2011, S. 592).

Ausgewählte konkrete Methoden und Techniken, die bei den verhaltenstherapeutischen Interventionen zum Einsatz kommen, werden nun exemplarisch in den folgenden Kapiteln 3.2.1 bis 3.2.4 näher beschrieben.

3.2 Vier ausgewählte Methoden der Verhaltenstherapie

In der Therapie autistischer Störungen durch verhaltenstherapeutisch ausgerichtete Interventionen kommen viele unterschiedliche Methoden und Techniken zur Anwendung, die nachfolgend beispielhaft beschrieben werden sollen. Eine Auflistung aller verhaltenstherapeutischen Methoden, die in der Arbeit mit autistischen Kindern eingesetzt werden, ist im Rahmen dieser Arbeit auf Grund des Umfangs nicht möglich. Daher wurden hier vier Methoden ausgewählt, die in der Literatur sehr häufig beschrieben werden. Anhand dieser vier Methoden soll die Art und Weise der Anwendung verhaltenstherapeutischer Interventionen abgehandelt werden. Ebenso wird auf die angestrebte Wirkung in der Behandlung autistischer Menschen eingegangen.

3.2.1 Diskretes Lernformat

Den Grundstock des Einsatzes von Verhaltenstherapie im Kontext der Behandlung autistischer Menschen legte der norwegische Psychologe Ivar Lovaas[13]. Er erzielte die ersten Erfolge mit der Anwendung behavioristischer Prinzipien auf Kinder mit autistischen Störungen (vgl. Döringer und Müller 2014, S. 14). Ivar Lovaas entwickelte im Zusammenhang mit der intensiven Frühförderung von autistischen Kindern das Trainingsformat des Diskreten Lernformates.

Dem Diskreten Lernformat liegt das Prinzip zu Grunde, Handlungseinheiten in kleinste aufeinander aufbauende Verhaltensschritte bzw. Handlungssequenzen zu zerlegen, die zuerst einzeln geübt werden. Jeder Lernschritt und jede Übungseinheit besteht hierbei aus einer genauen und konsistenten Instruktion für das erwünschte Verhalten durch den Therapeuten (der sogenannte diskriminierende Stimulus), aus der Reaktion des autistischen Menschen und der darauffolgenden

---

[13] Ivar Lovaas ist der Begründer der frühen, intensiven Verhaltenstherapie. Er führte eine Evaluationsstudie des verhaltenstherapeutischen Programms „ABA – Applied Behavior Analysis" durch, das bis heute weit verbreitet ist (in Deutschland aber immer noch sehr begrenzt). Für weitere Informationen zu ABA siehe: Sinzig 2011, S. 94f.

Konsequenz. Der Therapeut gibt beispielsweise einem autistischen Kind die Aufforderung „Nimm den blauen Ball". Gefolgt wird die Aufforderung von einer Reaktion des Kindes, die entweder richtig oder falsch, korrekt oder inkorrekt sein kann. Richtiges Verhalten wird dabei unmittelbar und kontinuierlich durch einen vorab vereinbarten Verstärker belohnt, zum Beispiel durch ein Gummibärchen oder anderen positiven Verstärker.

Hierbei wird die Technik des *Shapings* zur Hilfe genommen, bei der bereits kleinste Annäherungen an das zuvor definierte Zielverhalten verstärkt werden. So ist eine schrittweise Annäherungen an das Zielverhalten möglich. Diese Technik wird bevorzugt verwendet, wenn ein Verhalten fast vollständig neu aufgebaut werden soll, wie es bei autistischen Kindern häufig bei der Sprachentwicklung der Fall ist. Zwischen dem Soll- und Ist-Zustand herrscht eine große Differenz (vgl. Poustka et al. 2008, S. 104). Bei dieser Technik wird jedes Verhalten verstärkt, das dem Zielverhalten ähnelt. Wenn das Kind das erwünschte Zielverhalten immer wieder konsistent zeigt, wird nach und nach nur noch das festgelegte Zielverhalten und keine Handlungen, die dem Zielverhalten ähneln, verstärkt.

Zeigt das Kind nicht das erwünschte Verhalten, so wird ein zusätzlicher Stimulus über Hilfestellungen, sogenannte Prompts, erzeugt. Die entsprechende Technik, die hier zur Anwendung kommt, nennt man *Prompting*. Der Therapeut gibt dem Kind gezielte Hilfestellungen, zum Beispiel verbale Hinweise oder Zeichen, um dem Kind zu helfen, die richtige Verhaltensweise zu zeigen. Ziel ist es, die Prompts im Verlauf der wiederholten Übung der Lernschritte nach und nach zurückzunehmen. Die Übungsdurchgänge müssen und werden so lange wiederholt, bis das Kind den Lernschritt korrekt und sicher beherrscht.

Auf diese Art und Weise kann man mit einem Kind zunächst nur mit einem Gegenstand arbeiten, später werden mehr Gegenstände hinzugenommen. Im ersten Schritt geht es dann um die Fokussierung eines Gegenstandes und später um die Unterscheidung von zwei und mehr Gegenständen. Nach und nach wird so der Umgang mit den einzelnen Gegenständen, das Zuordnen von Gegenständen und die Benennung dieser geübt.

Über die kleinschrittige Aufteilung der Lernschritte ermöglicht das Diskrete Lernformat die Übung von Imitation im Bereich Motorik, Mimik und sprachlichen Lauten. Durch Imitation werden wichtige Grundlagen geschaffen, um Kommunikation, Sozialverhalten und Kontingenzen zu verstehen. Über Imitation ist es den autistischen Kindern möglich, Bezug zu ihrem Interaktionspartner zu nehmen.

Außerdem wird den Kindern ermöglicht, soziale Regeln und Spiel zu erlernen, sowie die Selbstversorgung bzw. Selbstständigkeit zu üben (vgl. Bernard-Opitz 2015, S. 132). Durch Nachahmung der Abläufe beim Zähneputzen beispielsweise erlernen nicht-entwicklungsbeeinträchtigte Kinder so eigenständig ihre Zähne zu putzen. Durch das kleinschrittige Format des Diskreten Lernformates können auch autistische Kinder die Grundlage der Imitation, und letzten Endes die Fähigkeit selbstständig Zähne zu putzen, erlernen.

Zu diesem Zweck können die einzelnen Lernschritte durch eine Handlungsverkettung, unter Anwendung der Technik des *Chainings*, zu komplexen Handlungsabfolgen zusammengefügt werden. „Hierbei werden einfache Verhaltensweisen (z.B. den Löffel mit Essen füllen) geübt und mit anderen Teilkomponenten der gesamten Verhaltenskette verbunden (allein essen)." (Bernard-Opitz 2015, S. 37). Im Beispiel des Zähneputzens könnte man mit dem autistischen Kind zunächst kleinschrittig üben, die Zahnpastatube zu öffnen und etwas Zahnpasta auf die Zahnbürste zu geben. Eine mögliche, eigens erstellte Schrittabfolge, um das Zähneputzen kleinschrittig zu üben, könnte wie folgt aussehen:

19 Schritte zum selbstständigen Zähneputzen	
1. Schritt	Den Wasserhahn aufdrehen.
2. Schritt	Den Zahnputzbecher mit Wasser füllen.
3. Schritt	Den Wasserhahn wieder abdrehen.
4. Schritt	Die Zahnpastatube in die eine Hand nehmen.
5. Schritt	Die Zahnpastatube aufdrehen und öffnen.
6. Schritt	Die Zahnbürste in eine Hand nehmen.
7. Schritt	Die Zahnpasta auf die Zahnbürste geben.
8. Schritt	Die Zahnpastatube verschließen und aus der Hand legen.
9. Schritt	Die Zahnbürste zum Mund führen.
10. Schritt	Die Vorderzähne und Außenseiten der Zähne in Auf- und Abbewegungen putzen.
11. Schritt	Die Kauflächen putzen.
12. Schritt	Die Innenseite der Zähne in Auf- und Abbewegungen putzen.
13. Schritt	Die Zahnbürste aus der Hand legen.
14. Schritt	Den Zahnputzbecher in die Hand nehmen.
15. Schritt	Einen Schluck Wasser im Mund spülen und ausspucken.
16. Schritt	Den Zahnputzbecher ausleeren und abstellen.
17. Schritt	Den Wasserhahn aufdrehen.

18. Schritt	Die Zahnbürste in die Hand nehmen und unter fließendem Wasser mit der Hand reinigen.
19. Schritt	Den Wasserhahn abdrehen.

Zu Anfang kann der Therapeut die Schritte vormachen und das Kind zur Nachahmung anregen. Im weiteren Übungsverlauf kann dann die Hand des Kindes geführt werden, bis die Bewegungen selbst vom Kind ausgeführt werden können. Sofern das Kind das erwünschte Verhalten zeigt, wird es gelobt und so in seiner Handlung verstärkt.

Zusammenfassend kann man sagen, dass das Diskrete Lernformat dazu dient, Voraussetzungen zu schaffen, die für den Aufbau von Kommunikationsfähigkeiten und Sozialverhalten nötig sind. Darunter fallen zum Beispiel die Entwicklung von Begriffen durch Zuordnungen, wie zum Beispiel Farben, aber auch die Entwicklung von Imitationsfähigkeiten oder Sprachausdruck und Sprachverständnis (vgl. Bernard-Opitz 2014, S. 14).

3.2.2 Natürliches Lernformat und Training von Schlüsselkompetenzen

Im weiteren Verlauf der Anwendung verhaltenstherapeutischer Methoden, wie dem Diskreten Lernformat, wurde erkannt, dass Kinder nach Erfolg der intensiven Therapie das Gelernte oftmals nur nach Aufforderung und in geübten Situationen zeigten (vgl. Bernard-Opitz 2015, S. 40). Grund dafür könnte die Tatsache sein, dass im Diskreten Lernformat in konstruierten Situationen innerhalb der Therapiesitzung gearbeitet wird. Dabei sitzen sich Therapeut und Kind meist am Tisch oder auf dem Boden gegenüber und üben eine konkrete Situation, wie z.B. das gegenseitige Zurollen eines Balls, wodurch der gemeinsame Blickkontakt trainiert werden kann. Das Problem der Generalisierung ergibt sich dadurch, dass autistische Kinder häufig die erlernten Fähigkeiten nur auf diese konkrete Situation anwenden können, eine Übertragung auf andere Situationen fällt ihnen schwer. Deshalb wurde das Diskrete Lernformat durch weitere methodische Ansätze, wie dem Natürlichen Lernformat erweitert. Das Natürliche Lernformat entwickelte sich aus der Sprachtherapie und setzt an der normalen, kindlichen Entwicklung an.

Im Fokus des Natürlichen Lernformates steht im Rahmen einer natürlichen Lernsituation die Spontanität des Kindes, dessen Initiative, sowie dessen Interessen. Nach diesem Lernformat sollen dem Kind komplexe soziale Verhaltensweisen durch die wiederholte Verwendung natürlicher Verstärker und das wiederholte Auftreten natürlicher Stimuli beigebracht werden. Natürliche Verstärker stehen in einer natürlichen Beziehung zum erwünschten Verhalten und erhöhen dadurch ihre Wirkung (vgl. Bernard-Opitz 2015, S. 68). Nach diesem Lernformat wird ein Kind, das beispielsweise die Aufforderung erhält, einen Ball zu nehmen, mit einem Ball belohnt und nicht mit einer Süßigkeit oder Ähnlichem. Der Vorteil bei der Anwendung natürlicher Verstärker ergibt sich daraus, dass die autistischen Kinder nicht die Kausalität zwischen Verstärker (z.B. Lob oder Süßigkeit) und vorausgehender Handlung verstehen müssen, da die natürlichen Verstärker in einer natürlichen Beziehung zum erwünschten Verhalten stehen. Allerdings kann hierbei auch die Schwierigkeit aufkommen, dass das Kind den natürlichen Verstärker nicht als einen solchen wahrnimmt und damit der eigentliche Zweck des natürlichen Verstärkers, das Erhöhen der Auftrittswahrscheinlichkeit eines Verhaltens, verfehlt wird.

Dieser Ansatz wurde unter dem Begriff „Training von Schlüsselkompetenzen" weiterentwickelt. Innerhalb dieses Ansatzes wurden verschiedene Schlüsselverhaltensweisen herausgearbeitet, die als besonders relevant für eine erfolgreiche Behandlung autistischer Störungen angesehen werden:

- Einsetzen von natürlichen Verstärkern
- selbstständige Auswahl von Spielsachen bzw. Lernmaterial
- Variation der Aufgabenstellungen
- positive Verstärkung schon bei leichten Erfolgen
- Integrieren von multiplen Beispielen
- Unterbrechen von Handlungsketten

(vgl. Sinzig 2011, S. 93 und Bernard-Opitz 2015, S. 40)

Die genannten Punkte sollen die Motivation der autistischen Kinder erhöhen, um ihnen dadurch den Lernprozess zu erleichtern. Mit dem ersten Punkt der selbständigen Auswahl der Spielsachen bzw. Lernmaterialien wird dem Kind die Möglichkeit eröffnet, seinen eigenen Interessen nachzugehen. Je nach Interesse kann das Kind dann zwischen verschiedenen Spielmaterialien in der Therapiesitzung auswählen, wodurch sich seine Motivation erhöht. Eine weitere Möglichkeit die Motivation des Kindes zu erhalten, ist, die Aufgabenstellungen immer wieder zu variieren. So können z.B. für eine Abwechslung anstelle von verschiedenfarbigen Murmeln in der nächsten Therapiesitzung verschiedenfarbige Bausteine zugeordnet werden. Ein positiver Nebeneffekt, der sich hierbei ergibt, ist die Generalisierung des erwünschten Verhaltens. Dadurch, dass das autistische Kind nicht nur farbige Murmeln zuzuordnen lernt, sondern auch verschiedenfarbige Bausteine, lernt dieses die Farben zu sortieren unabhängig vom Gegenstand. Ein generelles Verhalten wird geformt und damit auf ähnliche Situationen übertragbar.

Im Gegensatz zum Diskreten Lernformat werden beim Natürlichen Lernformat auch bereits Verhaltensweisen verstärkt, die dem gewünschten Verhalten nahe kommen. Ein flüchtiger Blickkontakt des Kindes wird dann zum Beispiel ebenso verstärkt, wie der eigentlich angestrebte intensive Blickkontakt. Infolgedessen erlebt das Kind weniger Frustration, die Motivation wird aufrechterhalten und Lernen ermöglicht. Ziel einer wirksamen Therapie ist die bereits erwähnte Generalisierung des Erlernten, sodass die geübte Fähigkeit auch beim Stimulus über ähnliche Reize gezeigt wird. Dafür werden von Therapiebeginn an, als weitere Strategie, multiple Beispiele integriert.

Ein Kind lernt dabei nicht nur an einem spezifischen Ball den Gegenstand zu benennen, sondern übt diese Benennung an verschiedenen Arten von Bällen, wie beispielsweise einem Basketball, Tischtennisball, Gymnastikball, etc. Der Therapeut kann dann in der Arbeit mit dem autistischen Kind über Vorgaben wie „Ball rollt" zu anderen Gegenständen übergehen, die auch rollen können, wie z.B. ein Fahrrad, ein Reifen, etc. (vgl. Bernard-Opitz 2015, S. 42). Durch die Zuordnung verschiedener Gegenstände wird für die autistischen Kinder die Grundvoraussetzung geschaffen, Sprache, Denken und problemlösende Fähigkeiten zu entwickeln. Die Kinder können auf diese Weise gleiche, ähnliche und verschiedene Gegenstände voneinander unterscheiden, zusätzlich wird die Bildung von Kategorien und Zusammengehörigkeiten gefördert. Auch Konzepte wie Mengen, Zahlen, Buchstaben, Farben, Formen und Größen können durch Zuordnen erlernt werden. Des Weiteren ergibt sich durch das Zuordnen ein Verständnis über den Zusammenhang von Ursache und Wirkung (z.B. wenn ich einen Bauklotz loslasse, fällt er zu Boden) und die Sprachentwicklung bzw. der Wortschatz der autistischen Kinder wird weiter vorangetrieben. Beim Natürlichen Lernformat wird sich zu Nutze gemacht, dass die Unterbrechung von Handlungsketten, wie zum Beispiel beim Essen, Schaukeln oder Spielen, oft zu unmittelbarer Aufmerksamkeit und schnellerem Lernen, auch bei stark beeinträchtigten Kindern, führt (vgl. Bernard-Opitz 2015, S. 40f.). Wird eine Routine unerwartet blockiert, so kommunizieren Kinder in diesem Fall spontaner. Diese kindliche Spontanität wird genutzt, um Sprache und spontane Kommunikation in Alltagssituationen aufzubauen.

Spielt ein Kind zum Beispiel gerade mit einem Springseil, so würde man das Kind nach der Strategie des Unterbrechens von Handlungsketten während des Springens oder beispielsweise auch während das Kind zum Springen ansetzt, unterbrechen. Dann wird das Kind aufgefordert Blickkontakt aufzunehmen und/oder es wird dadurch zu einer verbalen Äußerung, wie „Ich möchte weitermachen", bewegt. Erst wenn das Kind der Aufforderung nachkommt, darf es die Handlung weiter ausüben. Zu beachten ist nur, dass das Kind bei dieser Technik nicht überfordert wird und keine Frustration erfährt.

Der eingeforderte Blickkontakt, die eingeforderte gemeinsame Aufmerksamkeit (joint attention) ist hierbei eine Grundübung, um dem autistischen Kind die Entwicklung weiterer mit dem Blickkontakt in Bezug stehenden Fähigkeiten zu ermöglichen. Darunter fällt z.B. die Fähigkeit, andere Personen wahrzunehmen, auf Geräusche, Bewegungen und Zurufe mit einem Blick zu reagieren, auf das Zeigen anderer zu reagieren oder auch Ereignisse und Gefühle mit anderen zu teilen. All diese Fähigkeiten sind bei autistischen Kindern beeinträchtigt. Sie sollen in die Lage versetzt werden, ihre Wünsche, Bitten, Proteste, Ängste, Freude und andere Gefühlslagen auszudrücken.

Das Natürliche Lernformat bzw. das Training von Schlüsselkompetenzen setzt somit ähnlich wie das Diskrete Lernformat bei grundlegenden Fähigkeiten an, die als Grundvoraussetzung für die Entwicklung späterer, wechselseitiger, sozialer Interaktion und Kommunikation dienen. Hingegen dem Diskreten Lernformat verspricht das Natürliche Lernformat jedoch eine bessere Generalisierung des erlernten Verhaltens und die Initiative und Spontanität des Kindes werden mehr in den Mittelpunkt gestellt. Außerdem ist im Natürlichen Lernformat die Motivation des Kindes entscheidend, die es zu fördern gilt. Viele Eltern bevorzugen das Natürliche Lernformat aus den genannten Gründen, aber nicht alle autistischen Kinder profitieren von diesem Format, denn gerade schwer beeinträchtigte Kinder brauchen manchmal das stärker strukturierte Diskrete Lernformat, um effektiv lernen zu können (vgl. Bernard-Opitz 2014, S. 15). Das Natürliche Lernformat bedient sich aber wie das Diskrete Lernformat dem Aufbau von Grundlagen wie der Aufmerksamkeit, dem Blickkontakt und der gemeinsamen Aufmerksamkeit, sowie der Imitation und des Zuordnens. Das Sprachverständnis, anfängliche aktive Kommunikation, das Spiel- und Sozialverhalten, sowie die Selbstständigkeit der autistischen Kinder soll mit Hilfe dieser Methode gefördert werden. „Der Fokus [...] liegt folglich auf alltagsnahem Lernen, bei dem komplexe soziale Verhaltensweisen im Rahmen von gemeinsamer sozialer Interaktion in verschiedenen Settings trainiert werden." (Teufel et al. 2017, S. 82).

3.2.3 Entzug positiver und Einsatz negativer Verstärker

Wie bereits in den Grundlagen der Verhaltenstherapie beschrieben, wird häufig nach dem erläuterten Prinzip der operanten Konditionierung gehandelt. In der verhaltenstherapeutischen Arbeit mit autistischen Kindern finden vor allem die Methoden unter Anwendung der positiven Verstärker Verwendung. Aber besonders beim Abbau von unerwünschtem Verhalten kommt es zu dem Punkt, an dem positive Verstärker nicht mehr ausreichen. In diesem Fall kommen negative Verstärker oder der Entzug positiver Verstärker zum Einsatz. Diese Prinzipien werden beispielsweise angewendet, um aggressivem, autoaggressivem Verhalten, Stereotypien oder auch Verweigerungen entgegenzuwirken. Bei dieser Methode ist es jedoch äußerst wichtig, die Ergebnisse der Verhaltensanalyse zu Beginn der Therapie im Blick zu haben, da Manierismen, (auto-)aggressives Verhalten oder auch andere Stereotypien eine kommunikative Funktion erfüllen können. Denn Situationen, in denen ein Kind überfordert, aufgeregt, ängstlich oder desinteressiert ist, erhöhen die Auftrittswahrscheinlichkeit von Stereotypien. Daher kann es, abhängig vom individuellen Fall, sinnvoll sein, stereotypes Verhalten erst dann zu modifizieren, wenn dieses so viel Aufmerksamkeit des Kindes in Anspruch nimmt, dass der Erwerb neuer funktionaler Fertigkeiten, wie das Erlernen von Sprache und sozialer Interaktion, beeinträchtigt wird (vgl. Poustka et al. 2008, S. 104). Prinzipiell sollte der Abbau von unerwünschtem Verhalten durch den Entzug positiver Verstärker oder den Einsatz negativer Verstärker immer mit der Erarbeitung und dem Aufbau von Verhaltensalternativen für das autistische Kind verbunden werden (vgl. Teufel et al. 2017, S. 74).

Schwierigkeiten bei diesem Prinzip treten unter anderem dadurch auf, dass es in der therapeutischen Arbeit mit autistischen Kindern nicht immer so einfach ist, die geeignetsten Verstärker zu ermitteln. Denn manche negativen Verstärker, die als Bestrafung gedacht sind, können auf autistische Kinder eher positiv wirken. So kann beispielsweise die Technik des Time-Outs, wobei der negative Verstärker die Isolation des Kindes in einen reizarmen Raum zur Besinnung über das Fehlverhalten darstellt, von autistischen Kindern womöglich als positiv erlebt werden, da hier die Möglichkeit besteht den stereotypen Verhaltensweisen ungestört nachzugehen oder einer schwierigen Aufgabe aus dem Weg zu gehen (vgl. Freitag 2008, S. 102 und Teufel et al. 2017, S. 74).

Aber zurück zu den zwei Möglichkeiten, um unerwünschtes Verhalten abzubauen. Hierfür gibt es einerseits die Möglichkeit negative Verstärker, also unangenehme Konsequenzen bzw. Bestrafungen, einzusetzen. Dabei ist zu beachten, dass schwere Strafen heutzutage nicht mehr als sinnvoll angesehen werden und aus dem Repertoire der heutigen Frühinterventionen weitgehend eliminiert wurden (vgl. Poustka et al. 2012, S. 83), worunter man physische Strafen zählen kann. So wurde in den Anfängen der verhaltenstherapeutischen Intervention autistischer Kinder, selbstdestruktives Verhalten durch den kontingenten Einsatz von elektrischen Schlägen abgebaut. Selbststimulierendes Verhalten wurde versucht, durch sprachliche Verbote oder physische Bestrafung des Körperteils, mit dem die Selbststimulation ausgeführt wird (z.B. Festhalten der Hände oder elektrische Schläge), zu unterbinden (vgl. Loeben-Sprengel et al. 1981, S. 44). Weniger drastische Maßnahmen, wie das Time-Out-Verfahren werden auch heute noch angewendet, müssen aber je nach Individuum in ihrer Wirksamkeit abgewogen werden. Sinnvoll zum Abbau von unerwünschtem Verhalten können auch gewisse positive Ausgleichshandlungen sein (vgl. Sigman und Capps 2000, S. 148). Wirft ein Kind beim Essen beispielsweise seinen Teller auf den Boden, so könnte man es den Boden säubern lassen und es dazu bewegen ein besseres Essverhalten einzuüben. Das Säubern des Bodens kann in diesem Kontext als unangenehme Konsequenz angesehen werden, es stellt eine Bestrafung dar, aber keine schwere Strafe. Zusätzlich steht die Strafe in direktem Zusammenhang zum unerwünschten Verhalten, was dem autistischen Kind den Zusammenhang zwischen Ursache und Wirkung verdeutlichen soll. Allerdings muss bei dieser Vorgehensweise die unangenehme Konsequenz immer regelmäßig und unmittelbar auf das abzubauende Verhalten folgen, um keine Situation in der das abzubauende Verhalten gezeigt wird ohne Konsequenzen zu lassen. Das bedeutet auch, dass alle an der Erziehung des Kindes beteiligten Personen konsequent die gleichen Methoden anwenden müssen, damit die gewünschte Wirkung erzielt wird (vgl. Richmann 2004, S. 63). Aber wie viele nicht-entwicklungsbeeinträchtigte Kinder, so verstehen auch autistische Kinder nicht immer, weshalb sie nun „bestraft" werden und reagieren darauf mit Angst und aggressivem Verhalten. Es kann passieren, dass Kinder eine enge Assoziation zwischen der strafenden Person und der Strafe an sich herausbilden und dann mit Angst und Aggressivität auf diese Person reagieren, auch wenn sie von dieser Person gerade nicht gemaßregelt werden. Wird beispielsweise einem repetitiv, stereotyp handelnden Kind, das die Angewohnheit hat, ständig mit einem Stück Papier zu wedeln, dieses Papier weggenommen, um das unerwünschte Verhalten zu beenden, so kann es passieren, dass dieses Kind darauf mit Aggressionen reagiert und wütend wird.

Andererseits ist es auch möglich, einen positiven Verstärker zu entziehen. Ein Entzug positiver Verstärker kann zum Beispiel das Ignorieren des Kindes darstellen oder aber auch das Ausbleiben einer Belohnung. Das Vorlesen einer Geschichte, wenn ein autistisches Kind erlernt selbstständig zu Bett zu gehen, kann als positiver Verstärker gesehen werden. Führt das Kind die erwünschte Handlung nicht aus, so wird ihm keine Geschichte vorgelesen – es kommt zum Entzug des positiven Verstärkers.

In der Therapierung autistischer Kinder besteht weitestgehend Konsens darüber, dass der Einsatz negativer Verstärker aus ethischen Gründen, sowie aus den oben genannten Gründen in der Behandlung vermieden werden sollte, so lange nicht alle Möglichkeiten, über positive Verstärkung das erwünschte Verhalten auf- und das unerwünschte Verhalten abzubauen, ausgeschöpft wurden. Als negativer Nebeneffekt kann die Vorgehensweise mit negativen Verstärkern dazu führen, dass das autistische Kind eine aversive Haltung gegenüber der Therapie einnimmt und die Motivation des Kindes reduziert wird (vgl. Teufel et al. 2017, S. 74). Der Entzug eines positiven Verstärkers birgt vermutlich etwas weniger „Gefahren". Fraglich bleibt dennoch, ob das autistische Kind den Zusammenhang zwischen dem Ausbleiben des positiven Verstärkers und seinem eigenen Verhalten herstellen kann.

3.2.4 Soziales Lernen und Modelllernen

Neben den operanten Methoden, die in den bisher beschriebenen Prinzipien zum Einsatz kommen, werden auch andere lerntheoretische Ansätze in der Arbeit mit autistischen Kindern angewandt. Zu diesen sozial-kognitiven, lerntheoretischen Ansätzen zählt das Lernen am Modell nach Albert Bandura, einem kanadischen Psychologen.

Grundsätzlich geht man bei diesem Ansatz von der Annahme aus, dass Menschen nicht nur über Verhaltenskonsequenzen lernen, sondern auch durch Beobachtung. Daher wird dieser Ansatz oft auch als Beobachtungslernen oder Imitationslernen bezeichnet. „Indem Verhalten bei anderen beobachtet und kognitiv verarbeitet wird, können eigene neue Kompetenzen aufgebaut werden. So lernen Kinder zahlreiche Verhaltensweisen und Fertigkeiten, indem sie andere beobachten, mit ihnen interagieren und sie imitieren." (Teufel et al. 2017, S. 87). Das soziale Lernen ist an dieser Stelle als Methode zu sehen, neue Fertigkeiten über das Beobachten anderer zu erlernen. Dies geschieht zum Beispiel über Modelllernen: Diese Methode ist vorzugsweise für etwas ältere Kinder geeignet, die nur eine leichtere Ausprägung der Störung haben, eine gute oder unauffällige Sprachentwicklung zeigen und keine

Intelligenzminderung aufweisen (vgl. Freitag 2008, S. 110). Grund hierfür ist das Einüben komplexer Verhaltensweisen, wie z.B. die Wahrnehmung von Emotionen oder das Führen einer gelungenen, sozialen Interaktion. Infolgedessen müssen die autistischen Kinder einen gewissen Entwicklungsstand erreicht haben, um über diese Methode ihre Kenntnisse bezüglich Kommunikation und sozialer Interaktion zu erweitern. Die sozialen Kompetenzen, die für den Aufbau einer gelungenen, zwischenmenschlichen Interaktion nötig sind (z.B. sich abwechseln, gemeinsames Spielen, mit jemandem etwas teilen, sich mit anderen abstimmen, Regeln berücksichtigen, helfen und Hilfe erhalten, Gefühle verstehen und ausdrücken, etc.) können sowohl im Einzelsetting mit dem Therapeuten oder aber auch in sozialen Kompetenztrainings im Gruppensetting mit anderen Kindern geübt werden (vgl. Teufel et al. 2017, S. 87 und Bernard-Opitz 2015, S. 228). So lernen autistische Kinder den komplexen Erfordernissen des sozialen Lebens gerecht zu werden.

Grundlegend basiert die Methode des Modelllernens auf der Fähigkeit, andere zu beobachten und zu imitieren. Daher müssen autistische Kinder, bei denen eine mangelnde Imitationsfähigkeit häufig vorkommt, zunächst die Fähigkeit der Imitation erlernen, bevor soziales Lernen möglich ist. Um Imitationsfähigkeit aufzubauen, können zunächst einfache Bewegungen und später Bewegungen mit Gegenständen und verbale Äußerungen imitiert werden (vgl. Teufel et al. 2017, S. 102 f.). Im Einzelsetting mit dem Therapeuten würde das zum Beispiel bedeuten, dass der Therapeut das autistische Kind zunächst auffordert, eine einfache Handbewegung nachzuahmen, wie das in die Hände klatschen. Wird die Handlung erfolgreich demonstriert, so wird das Kind positiv verstärkt, da hierdurch die Auftrittswahrscheinlichkeit des imitierten Verhaltens erhöht wird. Somit kommen auch beim Modelllernen operante Techniken zum Einsatz. Die Imitationsübungen können dann nach und nach im Schwierigkeitsgrad erhöht werden. Ein nächster Schritt könnte die Imitation von komplexeren Handlungen sein. Übertragen auf die Therapiesitzung, könnten sich Therapeut und Kind gegenüber sitzen und eine gleiche Anzahl an Bausteinen vor sich liegen haben. Der Therapeut baut dann einen Turm aus den Bausteinen und fordert das autistische Kind auf: „Mach das nach!". Springt das Kind nicht von selbst auf diese Aufforderung an, so kann der Therapeut Hilfestellungen geben. Auch hier findet wieder die Technik des Promptings Anwendung. Welches Verhalten vom Therapeuten vorgegeben wird, sollte sich am Entwicklungsstand des Kindes orientieren und nur minimal über den aktuell bereits gemeisterten Fertigkeiten des Kindes liegen (vgl. Teufel et al. 2017, S. 88). Das

Modelllernen wird grundsätzlich eingesetzt, um Verhalten neu zu erlernen und dient daher ebenfalls dem Aufbau erwünschter Verhaltensweisen.

Ein anderer Ansatz im Bereich des Sozialen Lernens, ist das Training von sozialen Kompetenzen. In diesem Training werden spezifische Fähigkeiten vermittelt, die eine gelungene, soziale Interaktion ermöglichen. Freitag (2008, S. 110) nennt folgende Fähigkeiten: Begrüßung, Abstand halten, angemessene Redezeit, Kontaktaufnahme, Unterhaltung und gemeinsame Aktivitäten. Soziale Kompetenzen können in diesem Zusammenhang am besten im Gruppensetting eingeübt werden. „Da beim Modelllernen das Modell nicht zu unterschiedlich vom Lernenden sein sollte, sind Gruppen von Peers [gemeint sind Gleichaltrige] hier ein idealer Rahmen." (Rittmann 2014, S. 26) Mit anderen Worten, im Gruppensetting treffen autistische Kinder auf andere Gleichaltrige (autistische und nicht-autistische Kinder) mit ähnlichen Schwierigkeiten. Der Gruppenkontext scheint ein sehr fruchtbares Feld zu sein, um soziales und imitatives Lernen zu ermöglichen. Dabei werden unterschiedlichste Situationen geübt, wie das Begrüßen, der Aufbau von Gesprächen, etc. Die Kinder sollen lernen, sich an soziale Regeln zu halten. In diesem Zusammenhang bringt Bernard-Opitz (2015, S. 249 f.) ein passendes Beispiel an:

„In einer Sozialtrainingsgruppe werden die Kinder aufgefordert, einander im Uhrzeigersinn Komplimente über äußere Merkmale zu machen, zum Beispiel über Kleidung und Haare.

Kinder, die ein Kompliment bekommen, werden angeleitet, sich zu bedanken oder Zusatzinformationen zu geben, z.B. »Danke! Das Hemd hat mir meine Oma geschenkt«, »Meine Haare hab ich erst gestern gewaschen«. Für das erfolgreiche Annehmen eines Komplimentes werden sie gelobt. Bleiben die Komplimente aus oder werden sie fehlerhaft eingesetzt, zeigen gleichaltrige nicht-autistische Kinder, wie die Komplimente richtig eingesetzt werden."

Die autistischen Kinder lernen hier im Kontakt mit nicht-autistischen Kindern einen natürlichen, sozialen Umgang mit anderen. Dabei können die nicht-autistischen Kinder als Vorbildfunktion dienen, von denen die autistischen Kinder durch Beobachtungslernen neue Fähigkeiten einüben. Ist ein Kind noch nicht so weit in der Entwicklung, dass es an sozialen Gruppentrainings teilnehmen kann, so können im Einzelsetting soziale Kompetenzen trainiert werden. Als ein Beispiel zum Erlernen von sozialen Regeln, wird die Methode der Sozialen Geschichten („social stories") im Folgenden skizziert.

Bei dieser Methode handelt es sich um schriftlich festgehaltene Geschichten, die aus dem Lebenskontext des autistischen Kindes stammen. Anhand dieser Geschichten, sollen zusammen mit dem Therapeuten Lösungsstrategien für soziale Konflikte erarbeitet werden. Diese werden anschließend niedergeschrieben, um für zukünftige Konfliktsituationen nützlich zu sein (vgl. Rittmann 2014, S. 26). Ein Beispiel für eine Soziale Geschichte wäre folgendes:

„Andere Kinder wollen manchmal auch das Spielzeug, mit dem ich gerade spiele. Wenn ich teile, teilen sie auch mit mir. Es macht Spaß zu teilen und oft werde ich dann gelobt." (Bernard-Opitz 2015, S. 242)

Zur besseren Veranschaulichung kann diese Geschichte für das autistische Kind in einer Bildabfolge dargestellt werden. Mithilfe der Sozialen Geschichten lernen autistische Kinder Gründe für Sozialverhalten (vgl. Bernard-Opitz 2015, S. 242).

Die Methode des Sozialen Lernens wird somit dafür eingesetzt, neue, grundlegende Fertigkeiten und Verhaltensweisen, besonders in Bezug auf die Herstellung einer gelungenen, sozialen Interaktion, durch Beobachten anderer zu erlernen. Dabei soll die Imitationsfähigkeit des autistischen Kindes langfristig in sein aktives Verhaltensrepertoire übergehen, da das Kind lernen soll, diese Fähigkeit als wichtigen Lernmechanismus spontan zu nutzen (vgl. Teufel et al. 2017, S. 88). Im Einzelsetting oder Gruppensetting wird den autistischen Kindern die Möglichkeit gegeben, erfolgreiche, zwischenmenschliche Kontakte zu erleben, um ihre Motivation die Herausforderung des Sozialen Lernens selbst anzugehen zu wecken bzw. aufrecht zu erhalten.

3.3 Zwischenfazit

Zusammenfassend kann man sagen, dass mit Hilfe der beschriebenen verhaltenstherapeutischen Methoden und Techniken die Grundlagen geschaffen werden können, um eine wechselseitige, soziale Interaktion, Kommunikation und den Abbau stereotypen Verhaltens zumindest teilweise zu ermöglichen.

Zu diesen Grundlagen gehören die Herstellung von Aufmerksamkeit und Blickkontakt zwischen autistischem Kind und Therapeut, sowie die gemeinsame Aufmerksamkeit, um zum Beispiel Wünsche, Bitten, aber auch Gefühle wie Angst und Freude ausdrücken zu können. Außerdem wird das Zuordnen mit den autistischen Kindern geübt, um Kategoriensysteme aufzubauen und verschiedene Gegenstände zuordnen und benennen zu können. Die Fähigkeit der Imitation ist sehr wichtig, um die Grundlagen von Kommunikation zu verstehen und dadurch soziale Regeln,

Spielen und Selbstständigkeit zu erlernen. Eine weitere Grundlage ist die Vermittlung von Sprachverständnis, wie das Befolgen von Anweisungen oder das Verständnis von Handlungen, Orten, Zeiten, Personen etc. Hierdurch wird die Basis geschaffen, um abstraktes Denken, das Erlernen schulischer Fähigkeiten und ein grundlegendes Regelverständnis zu ermöglichen. Weiterhin werden autistische Kinder innerhalb der verhaltenstherapeutischen Interventionen an aktive Kommunikation herangeführt und dazu motiviert, ihre kommunikativen Fähigkeiten und Grundlagen im Rahmen der therapeutischen Angebote zu erweitern. Darüber hinaus zählen zu den Grundlagen, die ein autistisches Kind im Rahmen der verhaltenstherapeutischen Interventionen anstreben sollte, das Spiel- und Sozialverhalten, das häufig in Form von Gruppentherapien erlernt wird, um die Interaktion mit verschiedenen sozialen Interaktionspartnern und Vorbildern zu ermöglichen. Zu guter Letzt steht noch das Erlernen von Selbstversorgung und Selbstständigkeit aus, das ebenfalls über die beschriebenen verhaltenstherapeutischen Methoden zum Beispiel über die Technik des Shapings möglich ist.

Die meisten verhaltenstherapeutischen Methoden verwenden für den Auf- und Abbau von erwünschtem bzw. unerwünschtem Verhalten positive Verstärker im Sinne des Prinzips der operanten Konditionierung. Insbesondere für den Abbau von unerwünschtem Verhalten werden jedoch auch negative Verstärker eingesetzt.

Im Hinblick auf die drei Kernsymptome der Autismus-Spektrum-Störung (qualitative Beeinträchtigung der wechselseitigen sozialen Interaktion und der Kommunikation, sowie eingeschränkte, stereotype und repetitive Verhaltensweisen) können verhaltenstherapeutische Interventionen Linderungen in allen drei Kernsymptomen bewirken.

4 Musiktherapeutische Interventionen bei autistischen Störungen

4.1 Grundlagen der Musiktherapie

Die musiktherapeutischen Ansätze in der Behandlung von autistischen Menschen lassen sich zurückverfolgen bis in die 1970er-Jahre (vgl. Kowal-Summek 2012, S. 3), dennoch gibt es bis heute keine eindeutige Definition des Begriffs Musiktherapie. Dies kann man unter anderem darauf zurückführen, dass Musiktherapie in verschiedenen Kulturen in unterschiedlicher Art und Weise praktiziert und definiert wird. Außerdem findet die Musiktherapie in ganz unterschiedlichen Fachbereichen Anwendung, wie z.B. in der Medizin, der Psychologie oder der Pädagogik. Diese streben verschiedene Ziele in der Behandlung durch Musiktherapie an, wodurch eine einheitliche Definition erschwert bzw. mitunter als nicht sinnvoll erachtet wird.

Eine meines Erachtens recht offen gehaltene Definition gibt die *Deutsche Gesellschaft für Musiktherapie* auf ihrer Internetseite www.musiktherapie.de vor:

> „Musiktherapie ist der gezielte Einsatz von Musik im Rahmen der therapeutischen Beziehung zur Wiederherstellung, Erhaltung und Förderung seelischer, körperlicher und geistiger Gesundheit."

(Deutsche Gesellschaft für Musiktherapie 2016)

Weiterhin wird dort erläutert:

> „Musiktherapie ist eine praxisorientierte Wissenschaftsdisziplin, die in enger Wechselwirkung zu verschiedenen Wissenschaftsbereichen steht, insbesondere der Medizin, den Gesellschaftswissenschaften, der Psychologie, der Musikwissenschaft und der Pädagogik. Der Begriff „Musiktherapie" ist eine summarische Bezeichnung für unterschiedliche musiktherapeutische Konzeptionen, die ihrem Wesen nach als psychotherapeutische zu charakterisieren sind, in Abgrenzung zu pharmakologischer und physikalischer Therapie. Musiktherapeutische Methoden folgen gleichberechtigt tiefenpsychologischen, verhaltenstherapeutisch-lerntheoretischen, systemischen, anthroposophischen und ganzheitlich-humanistischen Ansätzen."

(Deutsche Gesellschaft für Musiktherapie 2016)

Diese Definition bzw. diese ausgewählten Thesen entstammen ursprünglich den „Kasseler Thesen zur Musiktherapie", die erstmals 1998 in der Musiktherapeutischen Umschau veröffentlicht und 2010 durch die Bundesarbeitsgemeinschaft

Musiktherapie überarbeitet wurden. An deren Ausarbeitung wirkte die *Deutsche Gesellschaft für Musiktherapie* mit. Eine solche eher weit gefasste Definition bietet Raum für spezifischere Definitionen in Bezug auf konkrete Anwendungsfelder und für die unterschiedlichen, musiktherapeutischen Ansätze (vgl. Bundesarbeitsgemeinschaft (BAG) Musiktherapie 2010).

In der Behandlung autistischer Kinder mittels Musiktherapie steht grundsätzlich fest, dass die Musiktherapie zu den Behandlungsformen zählt, die an der Basis ansetzen, d.h. wie auch die Verhaltenstherapie zielt die Musiktherapie auf eine Linderung der Symptome und verspricht daher keine „Heilung" der autistischen Störung per se.

Bei der Behandlung autistischer Störungen findet die Musiktherapie häufig Anwendung. Auch wenn bis jetzt noch keine evidenzbasierten Untersuchungen (vgl. Bölte und Poustka 2002, S. 277) bezüglich der Wirksamkeit der Anwendung von Musiktherapie bei autistischen Menschen existieren, so gibt es zahlreiche Fallstudien, die über Erfolge berichten, wie zum Beispiel von Juliette Alvin und Karin Schumacher[14].

Als wissenschaftlich belegt gilt schon länger, dass autistische Kinder in besonderem Maße auf Musik ansprechen (vgl. Kowal-Summek 2016, S. 41). Sie reagieren auf andere Spielangebote von sich aus weniger bereitwillig wie im Vergleich zu musikalischen Angeboten. Eine Theorie, warum die Musik solche Faszination und Wirkung auf uns Menschen hat, bezieht sich auf pränatale Erfahrungen. Man geht davon aus, dass bereits Embryos erste musikalische Eindrücke im Mutterleib, durch Klänge sowohl von außen als auch innen, sammeln. Klänge von außen können beispielsweise die Stimme der Mutter oder einer anderen Person sein, Klänge von innen können der Herzrhythmus, die Atmung der Mutter oder auch ihre Gangbewegungen darstellen. Im Rahmen der Musiktherapie mit autistischen Kindern gilt als wahrscheinlich, dass man auf die Erinnerungen an die akustischen Reize im Uterus der Mutter zurückgreifen kann, um Musik als erfolgreiches Interventions- und Interaktionsverfahren einzusetzen (vgl. Kessler-Kakoulidis 2016, S. 220).

Prinzipiell wird zwischen einer aktiven und einer rezeptiven Musiktherapie unterschieden. Während bei der aktiven Musiktherapie auch eigens und gemeinsam

---

14 Alvin, J. (1988): Musik und Musiktherapie für behinderte und autistische Kinder, Gustav Fischer Verlag, Stuttgart
Schumacher, K. (1994): Musiktherapie mit autistischen Kindern, Gustav Fischer Verlag, Stuttgart

musiziert wird, versteht man unter der rezeptiven Musiktherapie eine Therapie durch Musikhören (vgl. Bruhn 2000, S. 22). Bei der Behandlung autistischer Kinder wird meist die aktive Musiktherapie praktiziert, auch wenn aufgrund von Beeinträchtigungen der sozialen Interaktion, Kontakt- und Beziehungsstörungen zu Anfang noch kein gemeinsames Musizieren möglich ist. An die aktive Musiktherapie und das gemeinsame Musizieren kann sich dann langsam herangearbeitet werden (vgl. Dollen 1999, S. 34).

Die Ziele der Therapie müssen je nach Ausprägung der Autismus-Spektrum-Störung und des Entwicklungsstandes bzw. der Beziehungsfähigkeit des autistischen Kindes festgelegt werden.

Die Musik mit ihren Klängen, Rhythmen, Melodien, etc. wird in der Behandlung autistischer Kinder eingesetzt, um „eine funktionierende zwischenmenschliche Beziehung mit einem Kind herzustellen, das unfähig ist, auf normale Weise durch Liebe und Verstand Beziehungen zu den Mitmenschen anzuknüpfen", so beschreibt es Alvin (1988, S. 141), eine der Wegbegründerinnen der Musiktherapie in der Arbeit mit behinderten und autistischen Kindern. Weiterhin schreibt sie: „Mit Musiktherapie können die gefühls- und verstandesmäßigen Hindernisse, die zwischen dem Kind und seiner Umgebung stehen, umgangen oder aufgelöst werden. Dadurch wird das Verhältnis des Kindes zu sich selbst und zu denen, die um es herum sind, im guten Sinne verändert." (Alvin 1988, S. 141). Die Musik stellt somit ein Mittel dar, um einen nonverbalen Zugang zum autistischen Kind herzustellen. Dadurch werden Lernprozesse in Gang gesetzt, um soziale, kommunikative und emotionale Fähigkeiten zu entwickeln. Musiktherapie wird des Weiteren entweder im Einzel- oder Gruppensetting durchgeführt. Da autistische Kinder in der wechselseitigen sozialen Interaktion und der Kommunikation eingeschränkt sind, wird in der musiktherapeutischen Arbeit mit diesen Kindern zunächst nur im Einzelsetting gearbeitet, bevor die Integration in eine Gruppe erfolgen kann. Außerdem ist die Musiktherapie bei autistischen Kindern grundsätzlich als Langzeittherapie angesetzt, da keine konkrete Problemlage, beispielsweise verursacht durch ein kritisches Lebensereignis, behandelt wird, sondern eine Krankheit, eine tiefgreifende Entwicklungsstörung, die nicht durch ein paar Sitzungen „geheilt" werden kann.

Zusammenfassend kann man sagen, dass „Musiktherapie [...] die gezielte Verwendung des Mediums Musik oder seiner Elemente zu therapeutischen Zwecken" (Decker-Voigt et al. 2008, S. 18) ist und als Behandlungskonzept bei autistischen Kindern seit Jahren eine bedeutsame Rolle spielt. Die langfristige Zielsetzung in der Musiktherapie mit autistischen Kindern umfasst deren soziale Integration und weitestmögliche Emanzipation (vgl. Weber 1999, S. 53), um den Kindern zu einem größtmöglich selbstbestimmten Leben zu verhelfen.

4.2 Vier ausgewählte Prinzipien der Musiktherapie

In der Anwendung bei autistischen Kindern, kann die Musiktherapie die spezifischen Probleme, wie eine Beeinträchtigung der wechselseitigen sozialen Interaktion und der Kommunikation, sowie das stereotype Repertoire von Interessen und Aktivitäten gezielt angehen. Mittels Musik kann zu den autistischen Kindern eine Beziehung aufgebaut werden. In weiteren Schritten kann durch die Anwendung verschiedenster Prinzipien Empathie vermittelt und die Kinder zu Kommunikation und einer Auseinandersetzung mit ihren Gefühlen angeregt werden. Auf einige ausgewählte Prinzipien soll im nächsten Abschnitt eingegangen werden.

4.2.1 Musik und soziale Interaktion

Durch die zahlreichen Symptome, besonders die qualitative Beeinträchtigung der sozialen Interaktion, die eine autistische Störung mit sich zieht, ist das Entstehen einer zwischenmenschlichen Beziehung erschwert. Diese bildet jedoch die Basis für eine Weiterentwicklung im kognitiv-emotionalen Bereich. Daher steht zu Beginn jeder musiktherapeutischen Arbeit mit autistischen Kindern die Kontaktaufnahme bzw. der Beziehungsaufbau zum Kind, um eine Vertrauensbasis für den weiteren Therapieverlauf zu schaffen. Besonders in dieser ersten Phase wird die soziale Interaktion des autistischen Kindes gefordert und gefördert.

In den kreativen Therapien, zu denen auch die Musiktherapie zählt, wird nach einer bestimmten Regel verfahren: *Akzeptanz – Konfrontation – Entwicklung* (vgl. Weber 1999, S. 65f.). Diese Regel durchzieht den gesamten Therapieverlauf. Zuallererst *akzeptiert* der Therapeut das jeweilige autistische Kind in dessen gesamten Tun und Sein bedingungslos. Er nimmt seine Atem- und Bewegungsrhythmen, seine Lautäußerungen und musikalischen Äußerungen auf und passt sich diesen musikalisch an, imitiert das Kind in seinem Verhalten. An dieser Stelle ist der Therapeut in seinem Improvisationskönnen gefragt.

Die Improvisation spielt in der musiktherapeutischen Arbeit eine bedeutende Rolle, da die Verhaltensweisen der autistischen Kinder nicht vorhersehbar sind und daher spontan darauf reagiert werden muss. Musikalisch greift der Therapeut beim Spiegeln des Verhaltens auf unterschiedliche Rhythmen, Melodien, Klangfarben, Tempi, Lautstärken, usw. zurück. Dabei finden Instrumente, aber auch die Stimme oder andere klangerzeugende Elemente Anwendung. Schumacher (1994,

S. 106) beschreibt in einem ihrer Praxisbeispiele, die Aufnahme der stereotypen Verhaltensweisen eines autistischen Kindes, das Wedeln von Gegenständen und ein aufgeregter Schaukelschritt, bzw. der Geräusche, die dadurch entstanden. Schumacher imitiert in diesem Beispiel die Geräusche des autistischen Kindes mit ihrem Mund und ihren Händen. Auf diese Art und Weise fühlt sich das Kind in seinem Verhalten vom Therapeuten widergespiegelt, und demnach auch verstanden und akzeptiert. Durch das Spiegeln mittels Musik wird es sich außerdem seines eigenen Tuns bewusst, es verleiht dem autistischen Kind das Gefühl, gehört zu werden und es wird dadurch in seiner Selbstwahrnehmung unterstützt.

Um das autistische Kind nicht zu bedrängen, um keine Ängste auszulösen und damit einen eventuellen Rückzug des Kindes zu verursachen, kehrt der Therapeut schließlich wieder zu eigenen Ausdrucksformen zurück und spielt eigene Rhythmen und Melodien oder baut Pausen ein. Das autistische Kind wird nun nicht mehr in seinem Verhalten musikalisch gespiegelt. Dadurch wird die Aufmerksamkeit des Kindes geweckt, es wird ermutigt und aufgefordert sich nach außen zu öffnen und wahrzunehmen, was in seinem Umfeld geschieht. Das autistische Kind wird also mit anderen musikalischen Ausdrucksformen *konfrontiert* und zur sozialen Interaktion mit dem Therapeuten bewegt (vgl. Weber 1999, S. 65f.). Folglich soll das Kind hierdurch auch ein Bewusstsein für die Existenz der Psyche eines anderen entwickeln. Dies trägt entscheidend zur Fremdwahrnehmung des autistischen Kindes bei (vgl. Weber 1999, S. 68). Kessler-Kakoulidis (2016, S. 222) beschreibt diesen Vorgang wie folgt: „Durch die Musik werden Hirnregionen aktiviert, die zu sozialer Kognition führen." Die soziale Interaktion zwischen autistischem Kind und Therapeuten wird demnach zwangsläufig durch Musik angeregt und kann über verschiedenste Lieder (z.B. Schlaflieder, Schaukellieder[15], Tanzlieder, Schoßlieder) oder auch Reime, Spiele (z.B. Fingerspiele, Klatschspiele, etc.) und gemeinsames Musizieren weiterentwickelt werden. Auf welche Art und Weise der Therapeut Kontakt zum autistischen Kind aufnehmen kann, hängt immer von dessen Vorlieben und Abneigungen ab. Schumacher beschreibt in ihren Falldarstellungen (1994, S. 93ff.), dass manche Kinder leise Geräusche bevorzugen, andere wiederum mögen elektrische Geräusche oder hören gerne dem Klang selbstklingender Instrumente (d.h. Instrumente, die bereits allein durch ihre Bewegung erklingen, wie z.B.

---

[15] Bei der Verwendung von Schaukelliedern, so wie auch anderen Bewegungsliedern, greift man zurück auf passiv erlebte, pränatale Wiege- und Schaukelbewegungen eines Kindes..

Rasseln) zu. Aufgabe des Therapeuten ist, diese Vorlieben der Kinder herauszufinden und zur Kontaktaufnahme zu verwenden.

Wichtig beim Kontaktaufbau zu einem autistischen Kind ist immer, dass die zwischenmenschlichen Erfahrungen, die das Kind mit Hilfe der Musik macht, als positiv erlebt werden. Angstauslösende Situationen sollten vermieden werden, um die Motivation des Kindes einen ersten Kontakt zum Therapeuten eingegangen zu sein nicht wieder zu senken. Ist ein erster Kontakt zwischen Therapeut und Kind hergestellt und eine gemeinsame Form der Kontaktaufnahme gefunden, so kann sich nach und nach ein bewusstes aufeinander Reagieren entwickeln, wodurch die Fähigkeit zur sozialen Interaktion des autistischen Kindes gefördert wird.

4.2.2 Musik und Kommunikation bzw. Sprachanbahnung

Bei fast allen Formen der Autismus-Spektrum-Störungen ist eine Beeinträchtigung der Sprache und der Kommunikation gegeben. Dabei variiert der Entwicklungsstand der Sprache von einer nicht vorhandenen Sprache bis hin zu einem normalen Sprachniveau, wie es bei Asperger-Autisten der Fall sein kann. Kommunikation jeder Art, ob verbal oder nonverbal, bildet jedoch die Grundlage für den Aufbau eines zwischenmenschlichen Kontaktes und ist Basis jeglicher Interaktion. Wenn Sprache nicht zur Verfügung steht, kann Musik als nonverbales Kommunikationsmittel dienen. Die Musik kann hierbei sprachliche Kommunikation anbahnen oder aber auch Sprache ersetzen, indem Musik als Ausdrucksmittel dient. „Musik eröffnet Kontakt- und Interaktionsmöglichkeiten ohne dass sprachliche Fähigkeiten erforderlich sind. Sie kann als Form der vorsprachlichen Kommunikation bei autistischen Kindern zur Sprachanbahnung eingesetzt werden und das Interesse und die Freude am Lautieren und Sprechen anregen." (Kessler-Kakoulidis 2016, S. 216). Denn Sprache und Musik korrelieren miteinander und enthalten gleiche Parameter, wie Tonhöhe, Dynamik, Tempo, Melodie und Rhythmus. Nicht ohne Grund verwendet man die Begrifflichkeiten Sprachmelodie oder Sprachrhythmus. Vor allem die Rhythmik, beschreibt Kessler-Kakoulidis (2016, S. 221f.), sei von großem Nutzen für die Sprachanbahnung. Sprache kann hierbei zum Beispiel über verschiedenartige Lieder, Reime und Sprechgesang initiiert und geübt werden. Vorteilhaft ist an dieser Stelle, dass das Musizieren von den autistischen Kindern als weniger angstbesetzt wahrgenommen wird, als die Verwendung von Sprache (vgl. Bruhn 2000, S. 35).

Es ist bekannt, dass Musik bzw. Klang bei Menschen eine sprachliche oder stimmliche Reaktion, wie beispielsweise ein Summen, hervorrufen kann (vgl. Alvin 1988,

S. 148). Diese Reaktionen können eine Vorstufe des Sprechens sein, auf die weiter aufgebaut werden kann. Durch musikalische Angebote seitens des Therapeuten wird das autistische Kind zur Imitation von zunächst Lauten und später von Sprache veranlasst. In diesem Zusammenhang können bestimmte Lieder über Verhaltensbeobachtungen herausgefunden werden, die dem jeweiligen Kind gut gefallen. Dadurch erhöht sich die Motivation des autistischen Kindes und es wird dazu angeregt selbst Laute zu bilden. Auch in diesem Kontext geht der Therapeut nach der Regel Akzeptanz, Konfrontation und Entwicklung vor. Der Therapeut begegnet dem autistischen Kind nach Weber (1999, S. 67) zunächst, in dem er die Lautäußerungen des Kindes wiederholt oder erwidert. Bei nichtsprechenden bzw. nur lautierenden und in Phantasiewörtern sprechenden Kindern, ist der Zugang oftmals über „sinnlose" Sprache ohne konkreten Inhalt möglich (vgl. Schumacher 1994, S. 131). Denn diese Sprache muss nicht verstanden werden, im Sinne einer Dekodierung des Gesagten, sondern regt schlichtweg zum Lautieren an. Schuhmacher (1994, S. 115) weist in diesem Zusammenhang darauf hin, dass „die Voraussetzung für die Motivation jeglicher Sprachentwicklung [...] nicht das Erlernen von Worten, sondern die Freude am Lautieren [ist]. Der Therapeut muß [sic] versuchen, auch die leisesten Laute wahr- und ernstzunehmen, um sie als wertvolles Material für ein gemeinsames Spiel verwenden zu können."

Immer wieder wird das Kind im weiteren Verlauf mit Pausen konfrontiert, durch die die Aufmerksamkeit gesteigert wird, da der vertraute Ablauf nicht fortgeführt wird. Auf diese Weise wird das autistische Kind zu Lautäußerungen, sowie zur sozialen Interaktion mit dem Therapeuten aufgefordert. „Durch derartige Konfrontation kann [das Kind] immer wieder kurzzeitig Begegnung und Beziehung mit der Therapeutin zulassen." (Weber 1999, S. 67). Die Sprachanbahnung kann dann im weiteren Therapieverlauf über Lieder und Sprechgesang gefördert werden. Es ist ebenfalls möglich die Musiktherapie als ersten Zugang zu Sprache zu sehen und eine weitere Sprachförderung durch ergänzende Maßnahmen, wie z.B. Logopädie, zu initiieren.

4.2.3 Musik und Stereotypien

Durch Stereotypien, also immer wiederkehrende, sich wiederholende Bewegungen bzw. Verhaltensmuster, die autistische Kinder entwickeln, wird dieses von seiner Umwelt „abgeschirmt". Die Stereotypien verhindern das Herstellen von Kontakt und somit von zwischenmenschlichen Beziehungen – sie wirken entwicklungshemmend. In diesem Kontext darf jedoch nicht vergessen werden, dass Stereotypien für das autistische Kind ebenfalls von Nutzen sein können. Denn stereotype Bewegungsmuster treten vermehrt dann auf, wenn das autistische Kind überfordert ist, die Reize der Umgebung zu selektieren. Denn autistische Kinder können die Informationen und Reize der sie umgebenden Umwelt nicht sinngebend verarbeiten. Die Stereotypien eines autistischen Kindes weisen somit auf eine Gefühlslage des Kindes hin. Sie ermöglichen dem Kind mit seiner Umwelt in Beziehung zu treten, indem es durch die Stereotypien seine Gefühlslage mitteilt und ihm gleichermaßen als Schutz und Abwehrmechanismus gegen die auf das Kind einprallenden Umweltreize dient (vgl. Schumacher 1994, S. 103ff.). Aufgabe des Therapeuten ist es nun, die Umweltreize so zu gestalten, dass sie für das autistische Kind verständlich sind und verarbeitet werden können. Alvin (1988, S. 94) beschreibt in einer ihrer Falldarstellungen, dass viele der stereotypen Verhaltensmuster mit etwas Phantasie gut musikalisch kreativ zu verwerten sind. So schreibt sie weiter, dass „man z.B. eine zwanghafte Vorliebe für Holz dadurch nutzen [kann], daß [sic] man ihm [, dem Kind,] einen Schlegel als Rhythmusgerät gibt. Sein Interesse für parallele Linien kann bei der Akkordzither für einen Wahrnehmungskontakt Verwendung finden, wenn es versucht die Saiten zu zupfen."

Smeijsters sieht in Bezug auf stereotypes Verhalten eine besondere Bedeutung in der musikalischen Improvisation.

> „Musiktherapie kann eine Rolle in der Behandlung von Autismus spielen, weil sie, indem sie stereotype Verhaltensmuster musikalisch unterstützt, imstande ist, der Sprache zu entweichen und Kontakt zu fördern. Der für Autismus kennzeichnende Widerstand gegen Veränderung kann allmählich durch minimale Veränderungen, die in der Musik eingebracht werden, überwunden werden"

(Smeijsters 1999, S. 25, zitiert nach Kessler-Kakoulidis 2016, S. 223f.).

Mit anderen Worten, die Stereotypien stellen zwar eine Barriere für den Zugang zum Kind dar, können andererseits in der Musiktherapie aber auch als Zugang verstanden werden, wenn man sie musikalisch in die Therapie integriert, wie von Alvin und Smeijsters beschrieben.

Schumacher (1994, S. 105) schildert in ihren Falldarstellungen ihre methodische Vorgehensweise in Bezug auf den Umgang mit Stereotypien. Ihr methodisches Vorgehen ist in fünf Schritte untergliedert:

1. Das Respektieren der Stereotypie
2. Das innere Mitvollziehen und Begleiten der Stereotypie

3. Das Hör- und Sichtbar-machen der Stereotypie
4. Das Einbauen der Stereotypie in eine Spielform
5. Das Weiterentwickeln der Stereotypie zu einem gemeinsamen Spiel (vgl. ebd.)

In diesem Zusammenhang wird an dieser Stelle noch einmal genauer auf das schon zuvor in Kapitel 4.2.1 erwähnte Beispiel Schuhmachers (1994, S. 106) zurückgegriffen. Schuhmacher beschreibt hier ihre Vorgehensweise bei einem autistischen Jungen mit stereotypen Verhaltensweisen, der immer wiederkehrend mit Gegenständen wedelt. Der Junge bestimmt, dass sich die Therapeutin zunächst mit dem Gesicht zum Fenster bzw. zur Wand stellen soll. Die Therapeutin wehrt sich zunächst nicht dagegen, sie respektiert die Stereotypie und nimmt die hörbaren Geräusche des Jungen, während dieser seinem stereotypen Verhalten nachgeht, musikalisch mit dem Mund und den Händen auf. Hierdurch versucht die Therapeutin die Stereotypie innerlich nachzuvollziehen und zu begleiten. Der autistische Junge reagiert auf die musikalischen Äußerungen der Therapeutin mit aufgeregtem Schaukelschritt. Immer wieder legt er Pausen ein, auf die die Therapeutin wie ertappt reagiert. Auf diese Art und Weise tritt der autistische Junge in Kontakt mit der Therapeutin. Ihm wird sein eigenes Verhalten, seine Stereotypie hör- und sichtbar gemacht. Im weiteren Verlauf nutzt die Therapeutin die Pausen des Jungen und rennt währenddessen einmal durch den Raum, um sich anschließend wieder mit dem Gesicht zur Wand zu stellen. Der autistische Junge findet Gefallen daran, so wird die Stereotypie von der Therapeutin in eine Art Spielform eingebaut. Das gemeinsame Spiel entsteht am Ende der Stunde, in dem die Therapeutin und der autistische Junge die Rollen vertauschen. Dieses Beispiel zeigt deutlich, dass musikalische Spiegelungen von Stereotypien autistische Kinder auf ihre eigenen Verhaltensmuster aufmerksam macht. Das stereotype Verhalten wird dadurch hör- und sichtbar und kann durch kleinste Veränderungen kontaktaktivierend sein. Stereotypes Verhalten kann in diesem Zusammenhang also auch zur sozialen Interaktion zwischen Therapeut und autistischem Kind beitragen, wenn es nicht als störend angesehen wird, sondern als bestmöglicher Versuch des Kindes selbst Kontakt zu seiner Umwelt aufzunehmen.

4.2.4 Musik und Emotionen

In der Behandlung autistischer Kinder mittels Musiktherapie wird der Musik eine besondere Rolle zugeschrieben, wenn es um Emotionen geht. Musik kann in diesem Zusammenhang Emotionen hervorrufen durch die Assoziation bestimmter

Gefühle mit Tönen, Rhythmen oder Melodien. Dabei rufen dissonante Töne eher negative Emotionen hervor und harmonische Töne eher positive Emotionen. Zudem ermöglicht Musik, die eigenen Emotionen und Gefühle zum Ausdruck zu bringen. So postuliert Weber (1999, S. 59): „Autistische Kinder finden durch Musik Ausdrucksmöglichkeiten für Gefühle und Stimmungen, die ihnen anders nicht möglich wären und können dabei emotionale Erleichterung erleben." Der emotionale Wert der Musik besteht in diesem Kontext unter anderem also auch in einer Entspannung für das autistische Kind. Musik kann an dieser Stelle beruhigend wirken, wenn sich bei dem Kind (auto-)aggressives Verhalten oder auch zwanghaftes Verhalten äußert (vgl. Kessler-Kakoulidis 2016, S. 224).

„Jeder Musiker weiß, daß [sic] Musik geeignet ist, Dingen Ausdruck zu verleihen, die sich nicht in Worte fassen lassen." (Gottschewski 1999, S. 54). Gerade für autistische Kinder ist dies ein wichtiger Punkt, da es für sie umso schwieriger ist, ihre Gefühle verbal zum Ausdruck bringen zu können. An dieser Stelle spielt wieder der Faktor mit hinein, dass autistische Kinder Musik oftmals als weniger direkt und weniger ängstigend erleben, im Gegensatz zu der Nutzung von Sprache.

Wenn das Kind im Verlauf der Therapie einmal begonnen hat seine Gefühle musikalisch auszudrücken, kann man ihm helfen den Vorgang durch Rhythmen, Pausen, etc. zu strukturieren und ihm klangliche Elemente zur Wiedergabe seiner Emotionen anbieten. Klangliche Elemente sind zum Beispiel Lautstärke, Tondauer, Tonhöhe, Klangfarbe oder Tempo. Der Musiktherapeut verwendet zur Hilfe als Strukturierung im besten Fall keine Worte, sondern spielt einen eigenen Part, der zu der Improvisation des Kindes passt und dieses hierdurch in Harmonie oder Rhythmus unterstützt. Auf diese Weise kann der Therapeut dem autistischen Kind behilflich sein, seine eigene Technik zur Äußerung der Gefühle zu finden (Alvin 1988, S. 96).

Haschke (2009, S. 41) weist darauf hin, dass Autisten durch die Musik auch Zugang zu ihren eigenen Gefühlen erlangen können, die ihnen bis zu diesem Zeitpunkt selbst noch verborgen waren. Wenn diese Gefühle, so schreibt er, verstanden und verarbeitet würden, könne sich auch die eigene Persönlichkeit weiterentwickeln. Durch den Ausdruck der eigenen Gefühle lernen die autistischen Kinder welche Art von Gefühlen es gibt und lernen einen Zusammenhang zwischen Gefühlen und konkreten Situationen herzustellen. Die eigenen Gefühle wahrzunehmen und zu verstehen ist der erste Schritt zur Erlangung von Empathie. Das Wahrnehmen und Erkennen von Gesichtsausdrücken anderer Personen steigert wiederum die Fähigkeit in soziale Interaktion zu treten. Zusätzlich werden durch die Empfindung von

Emotionen die Mimik und Gestik trainiert, da Gesichtsausdrücke erst durch An- und Entspannung der Muskeln sichtbar werden.

Durch die Musik ist es also möglich Emotionen hervorzurufen. Diesen Emotionen kann aber ebenfalls durch die Musik selbst Ausdruck verliehen werden. Hierdurch wird Autisten der Zugang erleichtert die eigenen Gefühle wahrzunehmen und somit sich wahrzunehmen. Außerdem begünstigt dieser Schritt das Erlernen von Empathie, die wiederum soziale Interaktion leichter macht.

4.3 Zwischenfazit

Die Musiktherapie als eine mögliche Interventionsform bei autistischen Kindern kann auf Grund der meist fehlenden Sprachentwicklung als nonverbale Kommunikationsmöglichkeit gesehen werden, um einen ersten Kontakt zu diesen Kindern aufzubauen. Dabei ist jedoch zu beachten, dass es sowohl autistische Kinder gibt, die besonders auf Musik ansprechen und andere, die eine Hypersensibilität gegenüber akustischen Reizen aufweisen (vgl. Schieber 2009, S. 21, zitiert nach Kowal-Summek 2016, S. 41). Um das Kind sensorisch nicht zu überlasten, muss man im individuellen Einzelfall die Vorlieben und Abneigungen des Kindes genau abwägen. Musiktherapie eröffnet auf der einen Seite zwar Zugänge zum autistischen Kind, kann in unprofessioneller Anwendung aber auch zur Isolation und zum Rückzug des Kindes führen (vgl. Kessler-Kakoulidis 2016, S. 227). So kann das Spiegeln der unerwünschten kindlichen Verhaltensmuster diese auch direkt verstärken, wodurch das Kind weiterhin in seiner eigenen Welt verharrt. Daher sollte jedwedes therapeutisches Vorgehen bereits im Vorfeld konkret durchdacht und während der Behandlung für Anpassungen offen gehalten sein, sowie stets auf eine Weiterentwicklung abzielen (vgl. Weber 1999, S. 51).

Insgesamt scheint der Musiktherapie eine bedeutsame Rolle in der Behandlung autistischer Kinder zuzukommen, was sich anhand zahlreicher Publikationen zu diesem Thema zeigt. Diese Therapieform ist in der Lage autistische Kinder in der Entwicklung von sozialen, kommunikativen und emotionalen Fähigkeiten zu unterstützen, indem die bewährte Schutzhaltung der autistischen Kinder durchdrungen und die Motivation des Kindes zur Weiterentwicklung seines Selbst geweckt wird. Ebenso ist es im Rahmen der Musiktherapie möglich, unerwünschte Verhaltensweisen, wie repetitives, stereotypes Verhalten, abzubauen und erwünschtes Verhalten, wie Blickkontakt und das Herstellen von gemeinsamer Aufmerksamkeit, aufzubauen.

Wie in der Musiktherapie mit autistischen Kindern genau vorgegangen wird, ist jeweils abhängig vom Therapeuten. Auffallend ist jedoch, dass die bei Weber (1999, S. 65) genannte Grundregel *Akzeptanz – Konfrontation – Entwicklung* bei vielen Musiktherapeuten (z.B. Karin Schumacher, Juliette Alvin, Ludger Kowal-Summek) zwar mit anderen Worten, aber in ihrer Sinnhaftigkeit ebenfalls Anwendung findet. Besondere Wichtigkeit wird hierbei der Improvisation zugeschrieben, durch die der Therapeut ganz individuell auf das autistische Kind eingehen kann.

Für den Einsatz musiktherapeutischer Interventionen in der Behandlung autistischer Kinder sprechen abschließend folgende Argumente:

- Musik stellt ein nonverbales Kommunikationsmittel dar, das Sprache ersetzen kann, wenn diese als eigenständiges Kommunikationsmittel nicht zur Verfügung steht, oder aber der Sprachanbahnung dienen.
- Musik ermöglicht eine indirekte Kontaktaufnahme, wodurch sie als Kommunikationsmittel und als Mittel zur Kontaktaufnahme als weniger angstbesetzt von autistischen Kindern empfunden wird als Sprache.
- Beim gemeinsamen, musikalischen Spiel können kommunikative Kompetenzen der autistischen Kinder, sowie eine zwischenmenschliche Interaktion zwischen Kind und Therapeut angeregt werden.
- Die allgemeine Motivation der autistischen Kinder zur Weiterentwicklung ihres Selbst und ihrer Fähigkeiten kann durch das Eingehen auf spezielle musikalische Vorlieben gefördert werden.
- Musik ermöglicht autistischen Kindern ihre eigenen Gefühle auszudrücken und so eine emotionale Erleichterung zu erfahren.

5 Vergleich der Verhaltenstherapie und der Musiktherapie

Im nachfolgenden Abschnitt sollen nun die bereits erläuterten und dargestellten Therapieformen, die Verhaltens- und Musiktherapie, gegenüber gestellt und miteinander verglichen werden. Dabei werden zunächst die Gemeinsamkeiten der Therapien aufgezeigt und anschließend auf die Unterschiede eingegangen.

5.1 Gemeinsamkeiten

Grundsätzlich unterscheiden sich die Musiktherapie und die Verhaltenstherapie in den meisten Aspekten deutlich voneinander. Dennoch gibt es ein paar wenige Gemeinsamkeiten bzw. Überschneidungen der Therapien. So kann Musik in der Verhaltenstherapie beispielsweise als positiver oder negativer Verstärker eingesetzt werden (vgl. Strobel und Huppmann 1978, S. 80). Als positiver Verstärker kann Musik zum Beispiel als Belohnung eingesetzt werden. Wenn ein autistisches Kind mit seinem selbststimulierenden Verhalten aufhört, kann es z.B. mit dem Hören eines bestimmten, seinen Vorlieben entsprechenden Liedes belohnt werden. Im Kontext der Anwendung von Musik als negativen Verstärker kann beispielsweise verzerrte Musik als aversiver Stimulus eingesetzt werden, um unerwünschte Verhaltensweisen zu beenden. Diese Vorgehensweise setzt jedoch voraus, dass das jeweilige autistische Kind eine emotional-affektive Beziehung zur Musik besitzt (vgl. Strobel und Huppmann 1978, S. 80). Denn wird Musik kein emotionaler Wert, egal ob positiv oder negativ, vom Kind zugeschrieben, so ist sie als Verstärker nutzlos. Verstärker wirken erst dann verhaltensfördernd oder -hemmend, wenn sie im Kind eine Reaktion auslösen und etwas in ihm bewegen. Sie sind immer abhängig von den individuellen Bedürfnissen der Kinder. Beispielsweise bietet sich Musik als positiver Verstärker bei autistischen Kindern, die hypersensibel auf akustische Reize reagieren, eher weniger an.

Umgekehrt können in der Musiktherapie aber auch operante Techniken angewandt werden, um autistische Kinder für gezeigtes, erwünschtes Verhalten zu belohnen. Decker-Voigt (1983, S. 232) geht davon aus, dass Kenntnisse über zentrale Verhaltensformen oder Verstärkersysteme wichtige Impulse in Bezug auf eine Anpassung des therapeutischen Verhaltens setzen und dadurch zur Effektivierung musiktherapeutischen Handelns beitragen können. Als relevantesten Aspekt der Verhaltenstherapie für die Musiktherapie bezeichnet er die Möglichkeit der Verhaltensänderung durch das Modelllernen, das Lernen und die Übernahme von Verhaltensweisen Dritter durch vorherige Beobachtung.

In den genannten Aspekten kann es zu Überschneidungen zwischen den Therapieformen kommen. Grundsätzlich ist eher selten die Rede von einer Kombination beider Therapieformen.

An Gemeinsamkeiten lassen sich nicht sehr viele Aspekte finden, die die beiden Therapien miteinander verbinden. Ein wichtiger Punkt ist jedoch die *Verhaltensanalyse bzw. -beobachtung* zu Beginn der Therapien. Sowohl in der Verhaltens- als auch in der Musiktherapie wird zu Beginn das autistische Kind in seinem Verhalten beobachtet und analysiert. Dieser Schritt dient der Abklärung des aktuellen Entwicklungsstandes des Kindes. Im Fokus steht die Entwicklung im sprachlichen, kommunikativen und sozial-interaktiven Bereich, sowie in der Ausbildung stereotypen und repetitiven Verhaltens (vgl. Sinzig 2011, S. 92). Anhand der erfassten Daten, können dann individuelle Ziele für das autistische Kind erarbeitet werden. In der Musiktherapie findet man zwar nicht explizit den Begriff der Verhaltensanalyse, dennoch wird auch bei dieser Therapieform eine Analyse von Vorlieben und Abneigungen des Kindes und seiner Verhaltensweisen vorgenommen, um den weiteren Verlauf der Therapie individuell auf das Kind abzustimmen.

In beiden beschriebenen Therapien wird demnach zu Beginn der Therapie eine Verhaltensanalyse durchgeführt, um daraus die individuellen Ziele für das jeweilige autistische Kind abzuleiten.

5.2 Unterschiede

Wie bereits erwähnt, herrschen zwischen den beiden Therapieformen weitaus mehr Unterschiede als Gemeinsamkeiten. Ein grundlegender Unterschied besteht zunächst im *Evidenzgrad* und der *Häufigkeit der Anwendung* der Interventionsformen. Die Verhaltenstherapie gilt als die Interventionsform bei autistischen Störungen, die die beste Evidenz zeigt (vgl. Weinmann 2009, S. 86), wohingegen die musiktherapeutischen Interventionen bei autistischen Kindern bisher zu den nicht abgesicherten oder umstrittenen Techniken gezählt werden (vgl. Poustka et al. 2008, S. 43). Es existieren zu wenige (vergleichende) Forschungsstudien, um die Interventionsform als empirisch abgesichert zu bezeichnen. Diese Tatsache könnte damit zusammenhängen, dass die verhaltenstherapeutisch orientierten Interventionsformen als typische Interventionsform bei autistischen Kindern angesehen wird und bislang deutlich verbreiteter ist als die Musiktherapie. Diese hingegen wird oftmals nur als ergänzende Maßnahme, zum Beispiel zur Verhaltenstherapie, erwähnt (vgl. Remschmidt und Kamp-Becker 2008, S. 139). Der Fokus der wissenschaftlichen Forschung könnte daher stärker auf den verhaltenstherapeutischen

Interventionen liegen, im Gegensatz zu musiktherapeutischen Ansätzen. Der aktuelle Forschungsstand zu wirksamen Interventionen bei autistischen Störungen kann derzeit als noch ungenügend bzw. „ausbaufähig" bezeichnet werden. Es wird deutlich, dass ein dringender Bedarf nach weiteren randomisierten, kontrollierten Studien besteht, sowie auf einen Bedarf der Entwicklung weiterer Interventionsmöglichkeiten (vor allem solcher, die auch gut im Alltag der Kinder gemeinsam mit ihren Bezugspersonen etabliert werden können) (vgl. Poustka et al. 2012, S. 86).

Der meines Erachtens größte Unterschied der beiden Therapieformen besteht in der *Herangehensweise an das autistische Kind*. In diesem Zusammenhang könnte man bei der Verhaltenstherapie von einer Verhaltensformung und bei der Musiktherapie von einer Verhaltensaktivierung sprechen. Denn die Verhaltenstherapie ist stark erwachsenenzentriert. Der Erwachsene (in diesem Fall der Therapeut) ergreift hierbei die Initiative und gibt dem autistischen Kind Instruktionen, auf die das Kind reagiert. Vertreter der entwicklungspsychologisch abgeleiteten Interventionsansätze kritisieren diesen Aspekt bei den verhaltenstherapeutisch ausgerichteten Interventionen und zweifeln an, ob die sozialen Kerndefizite autistischer Kinder durch diese Interventionsform nicht eher verstärkt würden als gemildert. Besser geeignet seien Lernsituationen, die stärker an den typischen Interaktionsformen angelehnt sind (vgl. Döringer und Müller 2014, S. 18) und natürliche Lernsituationen nutzen. Allerdings muss an dieser Stelle darauf hingewiesen werden, dass auch in der Verhaltenstherapie Möglichkeiten gesucht werden, möglichst natürliche Lernsituationen (vgl. Natürliches Lernformat Kap. 3.2.2) zu nutzen und zu schaffen, um Verhaltensänderungen herbeizuführen und die Generalisierung des Verhaltens zu ermöglichen. Dennoch zielt die Verhaltenstherapie allgemein, unabhängig von der Lernsituation, darauf ab, Verhalten über meist operante Techniken zu formen. Über diese Techniken kann fast jedes Verhalten verändert werden. Zu berücksichtigen ist jedoch, ob dieses Verfahren ethisch vertretbar ist, da man es als einen Eingriff in die Selbstbestimmung der Person sehen könnte. Denn ab welchem Punkt ist es vertretbar, jemanden dazu zu bringen, sein Verhalten zu ändern? Greift man dadurch nicht in die Freiheit eines Menschen ein und ab wann könnte man von einer missbräuchlichen Anwendung der operanten Techniken sprechen, wenn man bedenkt, dass gewisse Symptome, wie Stereotypien, Rituale und die Vermeidung von Blickkontakt durchaus eine positive bzw. regulierende Funktion haben können? Auf die ethische Komponente der unterschiedlichen Therapieformen kann im Rahmen dieser Arbeit nicht näher eingegangen werden und wäre Thema einer in diese Richtung fortführenden Forschungsarbeit. Verdeutlicht werden soll jedoch, dass die Verhaltenstherapie dadurch als „zwanghaft" empfunden werden kann, da die Initiative eine Veränderung im eigenen Verhalten hervorzurufen nicht vom Kind selbst ausgeht. Der Therapeut als Anwender der Technik bzw. die Bezugspersonen des autistischen Kindes erwünschen sich eine Verhaltensformung – ob dieser Wunsch auch dem Wunsch des Kindes entspricht, bleibt oftmals unklar. Dahingegen ist die Musiktherapie eher verhaltensaktivierend ausgerichtet. Zwar ist das übergeordnete Ziel der Musiktherapie ebenfalls, die Linderung der Symptome, aber dieser Weg soll möglichst zwanglos ablaufen und durch das autistische Kind selbst initiiert werden. Das Kind wird hierbei durch musikalische Äußerungen angeregt mit dem Therapeuten in Kontakt zu treten, explizite verbale Anweisungen (z.B. „Nimm die Rassel!") enthält sie aber keine. Regressionen, z.B. zu selbststimulierendem Verhalten des Kindes werden akzeptiert und der Versuch unternommen, diese für das Kind auch sicht- und hörbar zu machen. Auf diesem Weg wird erneut versucht das Kind zur Kontaktaufnahme zu ermutigen. Von einem zwanghaft angestrebten Ziel kann hier nicht die Rede sein, das Kind bestimmt selbst, wann und wie es sich öffnet und den Kontakt eingeht.

Ein weiterer Unterschied besteht in der *Vorgehensweise in der konkreten Therapiesitzung* in Bezug auf das Repertoire der Methoden bzw. dem Einsatz der verschiedenen Techniken. Bereits in der Definition der beiden Therapieformen wird deutlich, dass in der Verhaltenstherapie im Gegensatz zur Musiktherapie eine einheitlichere Vorgehensweise herrscht. 'Die eine' Verhaltenstherapie gibt es zwar nicht, da sich darunter verschiedenste Theorierichtungen subsumieren lassen, wie unter anderem die Theorie der operanten Konditionierung. In Bezug auf die Behandlung autistischer Störungen gibt es jedoch eine große Auswahl von Methoden (z.B. Diskretes Lernformat, Natürliches Lernformat, Training von Schlüsselverhaltensweisen, Modelllernen etc.) und Techniken (z.B. Shaping, Chaining, Prompting etc.), die vorzugsweise und im Grundgedanken von jedem Therapeuten gleich angewandt werden.

Eine einheitliche Definition der Musiktherapie ist wie bereits ausgeführt nicht möglich, da es ganz unterschiedliche Anwendungsfelder gibt und Musik immer in Abhängigkeit zur jeweiligen Kultur gesehen werden muss. Bruscia (1989, 3 f, 47 zitiert nach Kowal-Summek 2016, S. 71) rät in diesem Zusammenhang sogar, dass es oftmals notwendig ist eine jeweils eigene Definition unter Berücksichtigung des eigenen Klientels und der Ziele der eigenen Arbeit zu erarbeiten. Dies zeigt deutlich, dass es infolgedessen auch keine einheitlichen Methoden und Techniken in der Behandlung autistischer Kinder mittels Musiktherapie gibt. Zwar gibt es einige

Methoden bzw. Techniken (z.B. Spiegeln, Improvisation, Prinzip der Wiederholung, etc.), die vermehrt in der Literatur auftauchen, aber dennoch sind die musiktherapeutischen Interventionen je nach Therapeut sehr individuell aufgebaut. Eine grundlegend einheitliche Vorgehensweise in der musiktherapeutischen Arbeit mit autistischen Kindern wird daraus folglich nicht ersichtlich.

Der nächste zu vergleichende Aspekt bezieht sich auf die *Wirkungsbereiche* der beiden Therapieformen und ihre *Zielsetzungen*. Verhaltenstherapeutische Interventionen sind demnach entweder ganzheitlich oder spezifisch ausgelegt. Intensive Frühinterventionen sind ganzheitlich ausgerichtet und „zielen auf die Förderung eines breiten Spektrums an Fertigkeiten ab, wie die Verbesserung der kognitiven und Sprachentwicklung, des Anpassungsverhaltens und der motorischen Funktionen" (Poustka et al. 2012, S. 82). Außerdem gibt es spezifische verhaltenstherapeutische Interventionen, die sich meistens auf einzelne, konkrete Verhaltensprobleme beziehen (vgl. Poustka 2008, S. 102). Der bekannteste Ansatz unter den spezifisch, symptomzentrierten Interventionen ist das Picture Exchange Communication Sytem (PECS), welches Kinder ohne sprachliche Fertigkeiten ermöglicht, über Bildkarten spontane und funktionale Kommunikation zu initiieren (vgl. Poustka et al. 2012, S. 86). Bei allen verhaltenstherapeutischen Interventionen geben hierbei Zielformulierungen zu Beginn der Therapie die Richtung vor. Bei der Musiktherapie hingegen steht der Kontaktaufbau zum autistischen Kind zunächst im Vordergrund und nicht die Erreichung spezifischer Ziele. Zunächst gilt es, eine tragfähige Beziehung herzustellen, die im weiteren Verlauf der Therapie bewusst und geplant verwendet und gestaltet werden sollte (vgl. Kowal-Summek 2016, S. 78). „Grundsätzlich gilt jedoch, dort anzuknüpfen, wo das Kind es zuläßt [sic]." (Schumacher 1994, S. 101). Die Therapieziele sind somit auf das jeweilige Kind abgestimmt und von dessen Mitwirkung abhängig. Die Therapie sollte jedoch (vom Therapeuten ausgehend) ohne übertriebene Ansprüche und Ehrgeiz geschehen und Veränderungen durch Geduld, Geschick, Verständnis und Liebe erreicht werden (vgl. Alvin 1988, S. 137). Alvin (1988, S. 138) äußert sich in diesem Kontext wie folgt:

> „Ich ließ die bezwingende Kraft des Klanges auf das Kind einwirken und rief in ihm dadurch bewußte [sic] oder unbewußte [sic] Reaktionen hervor in der Hoffnung, daß [sic] die Musik, das Kind nicht nur erreichen, sondern es auch aus sich herauslocken würde, zu beidseitiger Kommunikation. In einer Umwelt, in der das Kind sich nicht bedroht fühlte, versuchte ich, positive und zweckmäßige Reaktionen zu erzeugen."

Diese Beschreibung der eigenen Vorgehensweise zeigt, dass die autistischen Kinder in der Musiktherapie aus eigener Initiative heraus zu Veränderungen ihres Verhaltens bewegt werden sollen, ohne Druck auf diese auszuüben. Genaue Zielvorgaben werden daher nicht formuliert, der Wirkungsbereich wird offen gehalten und gewissermaßen vom Kind „vorgegeben" und „festgelegt".

Weiterhin können die beiden Therapieformen in ihrer *Art der Kontaktaufnahme* unterschieden werden. Die Musiktherapie ermöglicht durch den Einsatz des Mediums Musik eine indirekte Kontaktaufnahme zum autistischen Kind. Diese Art der Kontaktaufnahme löst weniger Angst bei autistischen Kindern aus und ermöglicht dem Kind in seinem eigens gewählten Tempo den Kontakt zu vertiefen (vgl. Gottschewski 1999, S. 80). Ob nun auf direktem Weg der Kontakt zum autistischen Kind gesucht wird oder die Möglichkeit der indirekten Kontaktaufnahme genutzt wird, bleibt letztlich vom Kind abhängig und ist individuell verschieden. Fest steht, dass die Musiktherapie beide Kontaktarten zulässt. Die Verhaltenstherapie dahingegen ist meines Erachtens viel direkter in ihrer Kontaktaufnahme. Das Kind wird durch verbale Äußerungen und Instruktionen (z.B. „Gib mir den blauen Ball!") zu Handlungen aufgefordert. Eine indirekte Kontaktaufnahme wäre beim Modelllernen denkbar, aber auch dort werden verbale Äußerungen, wie „Mach das nach!" verwendet, um das Kind zur Imitation zu bewegen. Daher scheint es über verhaltenstherapeutische Interventionen eher schwierig, indirekt Kontakt aufzunehmen. Bei stark verängstigten, autistischen Kindern, deren Angst auch schnell in aggressives Verhalten umschlagen kann, könnte infolgedessen die Musiktherapie eine „sanftere" Methode der Therapie in Bezug auf die Kontaktaufnahme darstellen.

Ein weiterer Aspekt, in dem sich die beiden Therapieformen unterscheiden, bezieht sich auf die *Übertragung der Anwendung der verschiedensten Techniken und Methoden der Therapien auf Laien*, wie es in der Regel die *Eltern* der autistischen Kinder sind.

Bei den verhaltenstherapeutischen Interventionsformen gilt allgemein, dass die Therapie nicht nur auf die Interaktion mit dem Therapeuten begrenzt sein sollte, sondern es wird darauf abgezielt, dass die Prinzipien in so vielen sozialen Bezugssystemen (z.B. Kindergarten, Schule, Familie) wie möglich zur Anwendung kommen (vgl. Poustka 2008, S. 102). Denn durch eine möglichst breit angelegte und konsistente Intervention wird eine höhere Generalisierung des erlernten Verhaltens ermöglicht (vgl. Kap. 2.5). Daher werden auch diese Bezugssysteme in die Verhaltenstherapie mit einbezogen. Autistische Störungen stellen jedoch eine schwere Störung der Entwicklung dar, woraus eine hohe Anforderung an das Erziehungsverhalten resultiert. Deshalb existieren spezielle Eltern- und Erziehungstrainings, in denen Eltern unter anderem die pädagogischen Prinzipien und die Grundsätze der Verhaltenstherapie bei autistischen Störungen vermittelt bekommen (vgl. Poustka et al. 2008, S. 98f.). Auf diese Weise können Eltern auch zu Hause ein Umfeld für ihr Kind schaffen, in dem es gute Fortschritte im Lernen und in der Entwicklung machen kann. Demzufolge ist die Verhaltenstherapie keine exklusive Methode nur für Experten, sondern kann ebenso als Hilfe zur Selbsthilfe angesehen werden, die den Bezugspersonen der autistischen Kinder den Umgang mit diesen erleichtern kann.

Demgegenüber ist die Musiktherapie in ihrer Anwendung schwer auf das häusliche Umfeld zu übertragen, sie stellt eher eine Interventionsform dar, die von Experten und Fachkräften durchgeführt wird. Der Musiktherapeut zeichnet sich als Experte nicht lediglich dadurch aus, instrumentale, stimmliche und tänzerische Fähigkeiten zu besitzen; entscheidend ist die emotionale Stimmigkeit und Bezogenheit der musikalischen Äußerungen zum Kind und zur jeweiligen Situation. Improvisatorische und spielerische Fähigkeiten sind dabei wesentlich für die gesamte Arbeit. Die Herausforderung für den Musiktherapeuten besteht darin, die oft kaum hörbaren, meist unbewussten, stimmlichen und instrumentalen Äußerungen des autistischen Kindes so zu begleiten, dass dieses sich unterstützt und zur Kontaktaufnahme aufgefordert fühlt. Der Therapeut muss folglich über ein gutes Gehör, viel Einfühlungsvermögen und spontanes Gestaltungsvermögen verfügen (vgl. Schuhmacher 1994, S. 12f.). Diese Aspekte erschweren die Übertragung der musiktherapeutischen Methoden und Techniken auf das häusliche Umfeld und machen eine Anwendung dieser für Laien nahezu unmöglich. Die Elternarbeit steht daher bei der Musiktherapie nicht so stark im Fokus, wie im Vergleich bei der Verhaltenstherapie. Alvin (1988, S. 229) stellt aber heraus, dass die Einstellung der Eltern zur Musik für die Qualität der Beziehung zum Therapeuten bestimmend ist. Es ist folglich entscheidend, ob die Eltern der Ansicht sind, dass Musik gut für ihr Kind sei. „Ihre Einstellung zu Musik spielt eine Rolle für des Kindes Reaktionen auf Musik und die Wirkung der Therapie. Eltern eines behinderten Kindes brauchen besondere Hilfe, Rat und Ermutigung von denen, die mit dem Kind arbeiten, der Familienberatung, dem Psychiater, dem Sozialarbeiter, den Lehrern und den Therapeuten. Sie sind alle in das Verfahren mit einbezogen." (Alvin 1988, S. 230). Deshalb werden den Eltern Möglichkeiten aufgezeigt, wie sie die Arbeit des Musiktherapeuten unterstützen können. Zum Beispiel kauften Eltern, die den Wert der Musik für ihr autistisches Kind erkannten, eine Stereoanlage und Platten, um ihrem Kind zu ermöglichen, zu Hause die Musik zu hören, die ihm gefällt (vgl. Alvin 1988, S. 231). Weiterhin schildert Alvin (1988, S. 229), dass Musik manchmal ein Band zwischen den Eltern und ihrem Kind schafft. Die Eltern können somit in manchen Fällen mittels Musik eine Beziehung zu ihrem autistischen Kind aufbauen, was auf „normalem" Wege vorher oftmals nicht möglich war. Schlussfolgernd bedeutet dies, dass die Verhaltenstherapie im Gegensatz zur Musiktherapie auch eine Möglichkeit für Eltern und andere Bezugspersonen eröffnet, das Verhalten ihrer Kinder mit Hilfe von verhaltenstherapeutischen Methoden und Techniken zu verändern. Die Musiktherapie ist hingegen nicht direkt auf das häusliche Umfeld übertragbar, Musik kann aber als Medium im Umgang mit dem autistischen Kind zu Hause genutzt werden.

Zusammenfassend lässt sich feststellen, dass es zahlreiche Unterschiede zwischen den Therapieformen gibt, die sie jeweils charakterisieren. Welche Therapieform für welches autistische Kind am ehesten geeignet ist, lässt sich nur mit Bezug auf den Entwicklungsstand des Kindes, sein individuelles Verhalten, sowie seine Vorlieben und Abneigungen entscheiden. Musiktherapie bietet sich beispielsweise nicht unbedingt für autistische Kinder mit einer Hypersensibilität gegenüber akustischen Reizen an. Wohingegen verhaltenstherapeutische Interventionen durch ihre direkte Kontaktaufnahme zum Beispiel bei sehr ängstlichen Kindern eher weniger geeignet scheint.

Zur Übersichtlichkeit ist im Folgenden eine Auflistung mit der Gegenüberstellung der zentralsten Aspekte beider Therapieformen aufgeführt:

	Verhaltenstherapie	**Musiktherapie**
Evidenzgrad	Empirisch gut abgesichert	Nicht abgesichert oder umstritten
Häufigkeit der Anwendung	Typische Interventionsform bei autistischen Störungen	Eher ergänzende Maßnahme bei autistischen Störungen
Herangehensweise	Verhaltensformung	Verhaltensaktivierung
Vorgehensweise Methoden und Techniken	Einheitliche Grundmethoden und -techniken	Bevorzugte Techniken, aber sonst sehr individuell, je nach Therapeut
Wirkungsbereich/ Zielsetzungen	Ganzheitlich ausgerichtete Interventionsformen + spezifische Interventionsformen zur Förderung von konkreten Verhaltensweisen	Initiative des Kindes im Vordergrund, Therapieziele auf das Kind abgestimmt und von ihm „vorgegeben"

	Verhaltenstherapie	**Musiktherapie**
Kontaktaufnahme	Direkte Kontaktaufnahme über verbale Äußerungen	Indirekte (über Musik) und direkte (über verbale Äußerungen) Kontaktaufnahme möglich
Übertragung der Techniken und Methoden auf Laien	Keine exklusive Methode für Experten, sondern auch Hilfe zur Selbsthilfe	Expertenwissen und -fähigkeiten notwendig, Anwendung für Laien nicht möglich
Einbindung der Eltern	Spezielle Eltern- und Erziehungstrainings	Möglichkeiten der Nutzung des Mediums Musik auch für Eltern möglich

6 Diskussion und Ausblick

In der vorliegenden Arbeit wurden die verhaltenstherapeutisch und musiktherapeutisch ausgerichteten Interventionen in ihrer Wirkungsweise in der Behandlung autistischer Störungen dargestellt und miteinander in Bezug gebracht. Deutlich wurde hierbei, dass die beiden Therapieformen nur wenige Gemeinsamkeiten und Überschneidungen aufzeigen. Diese bestehen einerseits in der Anwendung einzelner Aspekte der jeweils anderen Interventionsform, sowie im gleichen Vorgehen zu Beginn der Therapieformen durch eine Verhaltensbeobachtung und -analyse der autistischen Kinder.

Die Unterschiede der Therapieformen wurden anschließend erläutert, wobei sich Unterschiede in folgenden Bereichen ergeben:

- im Evidenzgrad der Therapieformen
- in der Häufigkeit der Anwendung der Therapieformen für die Behandlung autistischer Störungen
- in der Herangehensweise an das autistische Kind im Verlauf der Therapie
- in der Vorgehensweise bezüglich der Anwendung der jeweiligen (bevorzugten) Methoden und Techniken
- im Wirkungsbereich und der Zielsetzung
- in der Kontaktaufnahme zum autistischen Kind
- in der Möglichkeit der Übertragung der Techniken und Methoden auf Laien und
- in der Einbindung der Eltern in den Therapieverlauf.

Im direkten Vergleich der Therapieformen wurde deutlich, dass die Verhaltenstherapie einen höheren Evidenzgrad aufweist als die Musiktherapie. Außerdem finden die verhaltenstherapeutisch ausgerichteten Interventionsformen häufiger Anwendung in der Behandlung autistischer Störungen im Gegensatz zu den musiktherapeutischen Interventionen. In Bezug auf die Herangehensweise der Therapieformen ergab sich, dass die Verhaltenstherapie deutlich zwang-behafteter ist, da die Initiative zur Verhaltensänderung vom Therapeuten bzw. den Bezugspersonen des autistischen Kindes ausgehen. An dieser Stelle muss sich, wie bereits erwähnt, die Frage gestellt werden, ob das Verfahren der Verhaltensformung über operante Techniken unter ethischen Gesichtspunkten vertretbar ist und wie man rechtfertigen kann, welches Verhalten verändert werden soll bzw. welches Verhalten als unerwünscht und welches als erwünscht gilt. Die Musiktherapie hingegen legt ihren

Fokus auf die Initiative des Kindes. Die Verhaltensänderungen sollen vom Kind ausgehen und möglichst ohne Zwang vollzogen werden. Weiterhin ergab sich aus der Gegenüberstellung der Therapieformen, dass die musiktherapeutischen Interventionen in ihrer Anwendung stark abhängig sind vom jeweiligen Therapeuten. Die konkrete Vorgehensweise unterscheidet sich hier häufig. Einige generelle Methoden und Techniken, die bei verschiedensten Musiktherapeuten beschrieben werden, sind aber zu erkennen. In den verhaltenstherapeutischen Interventionen gibt es eher grundlegende Methoden und Techniken. Die Anwendung dieser Therapieform ist nicht so sehr vom Therapeuten abhängig, wie es bei der Musiktherapie der Fall ist. Der Wirkungsbereich bzw. die Zielsetzungen der Therapieformen unterscheiden sich ebenfalls. So ist die Verhaltenstherapie entweder umfangreich, auf ein breites Spektrum an Zielvariablen ausgelegt oder auf die Behandlung spezifischer Symptome. Dagegen zielt die Musiktherapie zunächst auf einen Kontaktaufbau zum autistischen Kind ab und ermöglicht dadurch eine weitere Entwicklung. Die Musiktherapie zeichnet sich des Weiteren durch die Möglichkeit der indirekten Kontaktaufnahme aus. Dieser Aspekt ist besonders bei sehr ängstlichen Kindern förderlich. Denn im Gegensatz hierzu kann die Verhaltenstherapie mit ihrer direkten Kontaktaufnahme angstauslösend wirken, sobald sich das autistische Kind bedrängt fühlt. Schlussendlich wurde auf die Übertragung der Methoden und Techniken auf Laien eingegangen und auf die Einbindung der Eltern. Hierbei wurde deutlich, dass die verhaltenstherapeutischen Methoden und Techniken in einem gewissen Maß auch für Laien anwendbar sind, wohingegen die musiktherapeutischen Methoden und Techniken nur ausgebildete Musiktherapeuten anwenden können. Die Eltern werden bei der Musiktherapie nicht so stark in den Prozess der Therapie mit einbezogen, wie in der Verhaltenstherapie, was unter anderem mit dem vorigen Aspekt der Übertragung der Methoden und Techniken auf Laien in Bezug gebracht werden kann. Denn verhaltenstherapeutische Methoden und Techniken können Eltern auch im häuslichen Umfeld zur Anwendung bringen, musiktherapeutische Methoden und Techniken hingegen weniger.

Abschließend kann man sagen, dass die Verhaltenstherapie zwanghafter verläuft als die Musiktherapie, die grundsätzlich dort anknüpft, wo es das Kind zulässt. Dies lässt mich zu dem Schluss kommen, dass ich die musiktherapeutischen Interventionen in der Behandlung autistischer Störungen als „sanftere" Methode sehe, im Gegensatz zu den verhaltenstherapeutischen Interventionen, deren Vorgehen härter und strikter ist.

Mit Bezug auf die Soziale Arbeit und deren Grundlagen, dass Sozialarbeiter erst dann in Aktion treten, wenn die Betroffenen ihre Probleme nicht aus eigener Kraft heraus bewältigen können, und dass Sozialarbeiter die Initiativen der Selbsthilfe unterstützen (vgl. Deutscher Berufsverband für Soziale Arbeit e.V. 2009, S. 22), ergibt sich eher eine Übereinstimmung mit der grundsätzlichen Vorgehensweise der Musiktherapie. Denn auch diese stellt die Initiative des Kindes in den Mittelpunkt. Demgegenüber können die verhaltenstherapeutischen Interventionen nach den Grundlagen der Sozialen Arbeit Hilfe zur Selbsthilfe für die Bezugspersonen der autistischen Kinder leisten, indem diese Methoden und Techniken an die Hand bekommen, mit welchen ihnen die Erziehung ihres Kindes erleichtert werden soll. Aber auch Sozialarbeiter profitieren von diesem Aspekt. Denn wie in der Einleitung beschrieben, treffen auch Sozialarbeiter in bestimmten Berufsfeldern, wie z.B. in Wohnheimen für Menschen mit Behinderung, auf autistische Menschen. In diesem Fall können auch Sozialarbeiter im Umgang mit den autistischen Menschen verhaltenstherapeutische Techniken anwenden, um ihr Verhalten zu formen. Das heißt, auch wenn die Therapie autistischer Störungen grundsätzlich nicht in das Berufsfeld der Sozialen Arbeit fällt, so kann sie dennoch von den hier dargelegten Therapieformen profitieren und bestimmte Aspekte in ihr Berufsfeld integrieren.

Das übergeordnete Ziel der Therapie autistischer Störungen ist die Befähigung der autistischen Menschen zu einem größtmöglichen, selbstbestimmten Leben. Mit Bezug zur Sozialen Arbeit ist es ihre Aufgabe im Rahmen der Betreuung autistischer Menschen, diese individuell zu fördern, sie zu einer selbstbestimmten Lebensführung zu befähigen und den jeweiligen Bedürfnissen entsprechend das soziale Umfeld bzw. Netzwerk zu gestalten. Dahingehend arbeitet die Soziale Arbeit auch an dem sozialen Umfeld des autistischen Menschen und leitet Bezugspersonen dieser im Umgang mit ihnen an. Des Weiteren leistet die Soziale Arbeit im Kontext der Arbeit mit autistischen Menschen Sensibilisierungs- und Aufklärungsarbeit über die tiefgreifende Entwicklungsstörung und ihre Besonderheiten und ist bestrebt, diesen Menschen eine bestmögliche gesellschaftliche Teilhabe zu ermöglichen. Darüber hinaus unterstützt die Soziale Arbeit Eltern, Angehörige und erwachsene Betroffene bei der Beantragung von Leistungen, wie z.B. der Beantragung eines Schwerbehindertenausweises oder der Beantragung des Nachteilsausgleichs.

Die Soziale Arbeit kann infolgedessen als Schnittstelle zwischen Therapie und sozialem Umfeld des Betroffenen gesehen werden, die darauf fokussiert ist, die erlernten Verhaltensweisen und Fähigkeiten zu generalisieren und auf den Alltag des autistischen Menschen zu übertragen.

Zum Schluss möchte ich nun noch allgemein auf die Möglichkeiten der Interventionen bei autistischen Störungen eingehen, denn die Bandbreite der Störungen ist sehr groß und reicht von nicht-sprechenden, geistig behinderten oder auch mehrfach behinderten Menschen bis hin zu Menschen mit intellektueller Hochbegabung. Auf Grund dieser Bandbreite ist es plausibel anzunehmen, dass ein breites Spektrum an Methoden aus unterschiedlichsten Therapierichtungen notwendig ist. Denn der Erfolg einer Therapie hängt von vielen Faktoren ab, wie dem Entwicklungsstand des autistischen Kindes, den Komorbiditäten, dem Alter des Kindes, der Familiensituation, dem sozio-ökonomischen Status der Eltern und Angehörigen, dem Stressniveau der Eltern und Angehörigen, den Umgebungsbedingungen und Netzwerkeigenschaften (z.B. Kindergarten, Schule, etc.), den Eigenschaften des Therapeuten und von systemimmanenten Bedingungen (z.B. Eigenschaften des Bildungssystems, Inklusionsgedanken, gesellschaftlicher Umgang mit Behinderung, etc.) (vgl. Döringer und Müller 2014, S. 19). Dementsprechend profitieren unterschiedliche autistische Kinder unterschiedlich gut von bestimmten Therapiemethoden. Studien, in denen die Therapieprogramme im Hinblick darauf untersucht werden, welche Kinder besser von dem einen und welche Kinder besser von dem anderen Therapieprogramm profitieren, gibt es erst wenige (vgl. Döringer und Müller 2014, S. 15). In einem Übersichtsartikel über verschiedenste Interventionsansätze in der Behandlung autistischer Störungen schlussfolgert Howlin (2010, S. 133): „There is, as yet, no evidence that any one programme is superior to all others."

Ich komme daher zu dem Schluss, dass es vermessen wäre, eine der beiden vorgestellten Therapieformen als die Bessere oder Wirksamere zu bezeichnen. Jede mögliche Interventionsform bei autistischen Störungen hat ihre Vor- und Nachteile. Welche Interventionsform für welches autistische Kind am passendsten ist, kann nicht pauschalisiert werden, sondern ist von individuellen Faktoren abhängig. Bei der Auswahl der geeignetsten Interventionsform sollten außerdem die individuellen Vorlieben und Abneigungen des Kindes Berücksichtigung finden.

Literatur- und Quellenverzeichnis

Literatur

Alvin, J. (1988): *Musik und Musiktherapie für behinderte und autistische Kinder.* Stuttgart: Gustav Fischer Verlag.

APA – American Psychiatric Association (2015): *Diagnostisches und Statistisches Manual Psychischer Störungen DSM-V.* 5. Auflage, deutsche Ausgabe von Falkai, P. und Wittchen, H.-U. (Hrsg.), Göttingen: Hogrefe Verlag.

Bernard-Opitz, V. (2014): *Visuelle Methoden in der Autismus-spezifischen Verhaltenstherapie (AVT).* Stuttgart: Kohlhammer Verlag.

Bernard-Optiz, V. (2015): *Kinder mit Autismus-Spektrum-Störungen (ASS).* 3. Auflage, Stuttgart: Kohlhammer Verlag.

Bölte, S. (2011): Psychobiosoziale Intervention bei Autismus. In: *Der Nervenarzt 05/2011.* o.O.: Springer-Verlag, S. 590-596.

Bölte, S. / Poustka, F. (2002): Intervention bei autistischen Störungen: Status quo, evidenzbasierte, fragliche und fragwürdige Techniken. In: *Zeitschrift für Kinder- und Jugendpsychiatrie und Psychotherapie 30(4).* Bern: Verlag Hans Huber, S. 271- 280.

Bruhn, H. (2000): *Musiktherapie.* Göttingen: Hogrefe Verlag für Psychologie.

Decker-Voigt, H.H. (1983): *Handbuch Musiktherapie.* Lilienthal/Bremen: Eres.

Decker-Voigt, H.H. / Oberegelsbacher, D. / Timmermann, T. (2008): *Lehrbuch Musiktherapie.* München: Ernst Reinhardt Verlag.

DIMDI (Deutsches Institut für Medizinische Dokumentation und Information) (2016): *Internationale statistische Klassifikation der Krankheiten und verwandter Gesundheitsprobleme.* Band 1 – Systematisches Verzeichnis, Version 2017, 10. Revision, German Modification, o.O.: ohne Verlag.

Döringer, I. / Müller, C. (2014): Zur Diskussion der Wirksamkeit von Autismus-Therapien. In: Bundesverband autismus Deutschland e.V.: *Das besondere Thema 78/2014.* o.O.: ohne Verlag, S. 13-20.

Freitag, C. M. (2008): *Autismus-Spektrum-Störungen.* München: Ernst Reinhardt Verlag.

Freitag, C. M. (2010): Diagnostik und Therapie von autistischen Störungen im Kleinkindes- und Vorschulalter. In: *Kinder- und Jugendmedizin 02/2010*. o.O.: ohne Verlag, S. 106-114.

Gottschewski, K. (1999): *Aussagen autistischer Menschen aus der Literatur und ihre Bedeutung für die musikalische Arbeit.* Diplomarbeit, Medizinische Fakultät der Universität Witten/Herdecke, Institut für Musiktherapie, ohne Verlag.

Haschke, M.-L. (2009): *Musik als Sprache und Kommunikationsmittel in der Musiktherapie mit autistischen Kindern.* Diplomarbeit, Universität Wien, ohne Verlag.

Howlin, P. (2010): Evaluating psychological treatments for children with autism- spectrum disorders. In: *Advances in psychiatric treatment, vol. 16.* o.O.: ohne Verlag, S. 133-140.

Kessler-Kakoulidis, L. (2016): *Rhythmik und Autismus.* Gießen: Psychosozial-Verlag.

Kowal-Summek, L. (2016): *Musiktherapie und Autismus.* Wiesbaden: Springer-Verlag.

Loeben-Sprengel, S. / Soucos-Valavani, I. / Voigt, F. (1981): *Autistische Kinder und ihre Eltern.* Weinheim: Beltz-Verlag.

Myschker, N. (2005): *Verhaltensstörungen bei Kindern und Jugendlichen.* 5. Auflage, Stuttgart: Kohlhammer.

Poustka, F. (2009): Autistische Störungen. In: Schneider, S. / Margraf, J. (Hrsg.): *Lehrbuch der Verhaltenstherapie.* Band 3, Heidelberg: Springer Medizin Verlag, S. 331-350.

Poustka, F. / Bölte, S. / Feineis-Matthews, S. / Schmötzer, G. (2008): *Autistische Störungen.* 2. Auflage, Göttingen: Hogrefe Verlag.

Poustka, L. / Rothermel, B. / Banaschewski, T. / Kamp-Becker, I. (2012): Intensive verhaltenstherapeutische Interventionsprogramme bei Autismus-Spektrum- Störungen. In: *Kindheit und Entwicklung 21 (2).* Göttingen: Hogrefe Verlag, S. 81-89.

Remschmidt, H. / Kamp-Becker, I. (2008): Tiefgreifende Entwicklungsstörungen: Autismus-Spektrum-Störungen. In: Remschmidt, H. / Mattejat, F. / Warnke, A. (Hrsg.): *Therapie psychischer Störungen bei Kindern und Jugendlichen.* Stuttgart: Thieme Verlagsgruppe, S. 134-147.

Richmann, S. (2004): *Wie erziehe ich ein autistisches Kind?.* Bern: Verlag Hans Huber.

Rittmann, B. (2014): Die Bedeutung verhaltenstherapeutischer Förderung in Autismus- Therapiezentren. In: Bundesverband autismus Deutschland e.V.: *Das besondere Thema 78/2014.* o.O.: ohne Verlag, S. 21-31.

Schumacher, K. (1994): *Musiktherapie mit autistischen Kindern.* Stuttgart: Gustav Fischer Verlag.

Sigman, M. / Capps, L. (2000): *Autismus bei Kindern.* Bern: Verlag Hans Huber.

Sinzig J. (2011): *Frühkindlicher Autismus.* Berlin: Springer-Verlag.

Sinzig, J. / Schmidt, M. H. (2008): Tiefgreifende Entwicklungsstörungen. In: Petermann, F. (Hrsg.): *Lehrbuch der Klinischen Kinderpsychologie.* 6. Auflage, Göttingen: Hogrefe Verlag, S. 173-188.

Strobel, W. / Huppmann, G. (1978): *Musiktherapie.* Göttingen: Verlag für Psychologie.

Teufel, K. / Wilker, C. / Valerian, J. / Freitag, C. M. (2017): *A-FFIP- Autismusspezifische Therapie im Vorschulalter.* Berlin: Springer-Verlag.

Theunissen, G. (2014): *Menschen im Autismus-Spektrum.* Stuttgart: Kohlhammer Verlag.

Weber, C. M. (1999): *Tanz- und Musiktherapie zur Behandlung autistischer Störungen.* Göttingen: Hogrefe Verlag.

Weinmann, S. / Schwarzbach, C. / Begemann, M. / Roll, S. / Vauth, C. / Willich S. N. / Greiner, W. (2009): *Verhaltens- und fertigkeitsbasierte Frühintervention bei Kindern mit Autismus.* Deutsches Institut für Medizinische Dokumentation und Information (DIMDI) (Hrsg.), HTA-Bericht 89, Köln: ohne Verlag

Internetquellen

Autismus Therapie Ambulanz Niederrhein (o.J.): Der High-Functioning Autismus. Online unter: http://www.autismus-online.de/was-ist-autismus/highfunctioningautismus [Zugriff: 07.03.2017]

Deutsche Gesellschaft für Musiktherapie (2016): Definition – Berufsbild – Geschichte. Online unter: http://www.musiktherapie.de/musiktherapie/definition.html Zugriff: 20.03.2017]

Deutscher Berufsverband für Soziale Arbeit e.V. (DBSH) (2009): Grundlagen für die Arbeit des DBSH e.V.. Online unter: https://www.dbsh.de/fileadmin/downloads/grundlagenheft_-PDF-klein_01.pdf [Zugriff: 19.04.2017]

Dollen, N. von (1999): Musiktherapeutische Förderung von Menschen mit autistischem Verhalten. Erste Staatesexamenarbeit. Online unter: http://www.foepaed.net/index.php/author/37-dollen-niels-von29/121-musiktherapeutische-foerderung-von-menschen-mit-autistischem-verhalten64 [Zugriff: 20.03.2017]

Universitätsklinikum Frankfurt (2017): Freier Download von Instrumenten und Bestellformularen. Online unter: http://www.kgu.de/kliniken-institute- zentren/einrichtungen-des-klinikums/kliniken/zentrum-fuer-psychische- gesundheit/psychiatrie-psychosomatik-und-psychotherapie-des-kindes-und-jugendalters/linksdownloads/downloads.html [Zugriff: 25.04.2017]

Anhang

M-CHAT

Bitte, beantworten Sie die folgenden Fragen in Bezug auf das Verhalten Ihres Kindes mit JA oder NEIN, indem Sie die entsprechenden Kästchen ankreuzen. Versuchen Sie bitte, alle Fragen zu beantworten. Denken Sie dabei daran, wie sich Ihr Kind **normalerweise** verhält. Wenn das erfragte Verhalten nur selten aufgetreten ist (Sie haben es vielleicht ein oder zweimal erlebt), dann beantworten Sie die Frage bitte mit NEIN.

Name des Kindes:_____ Alter des Kindes:_____ Datum heute:_____

	JA	NEIN
1. Hat Ihr Kind Freude daran, wenn Sie es hin- und herschaukeln oder, wenn Sie es auf den Knien reiten lassen, etc.?	?	?
2. Zeigt Ihr Kind Interesse an anderen Kindern?	?	?
3. Klettert Ihr Kind gerne, zum Beispiel auf Treppen?	?	?
4. Spielt Ihr Kind gerne das „Guck-Guck-Spiel" oder Verstecken?	?	?
5. Hat Ihr Kind jemals so getan, als ob es sich beispielsweise mit einer Spielzeug-Teekanne Tee einschenken würde, oder hat es jemals ein anderes (imaginäres) Spiel gespielt?	?	?
6. Hat Ihr Kind jemals den Zeigefinger benutzt, um etwas zu zeigen oder um um etwas zu bitten?	?	?
7. Hat Ihr Kind jemals den Zeigefinger benutzt, um auf etwas zu zeigen oder um Interesse für etwas zu bekunden?	?	?
8. Kann Ihr Kind mit kleinem Spielzeug (z.B. Autos, Bauklötzen) richtig spielen, ohne es nur in den Mund zu nehmen, daran herumzufingern oder es herunterfallen zu lassen?	?	?
9. Bringt Ihr Kind Ihnen jemals Dinge, um Ihnen etwas zu zeigen?	?	?
10. Schaut Ihnen Ihr Kind länger als nur ein oder zwei Sekunden in die Augen?	?	?
11. Erscheint Ihr Kind jemals übermäßig sensibel gegenüber Lärm oder Geräuschen? (hält sich z.B. die Ohren zu)	?	?
12. Reagiert Ihr Kind mit Lächeln, wenn Sie es anschauen oder anlächeln?	?	?
13. Imitiert Sie Ihr Kind? (z.B. wenn Sie eine Grimasse schneiden)	?	?
14. Reagiert Ihr Kind auf seinen Namen, wenn Sie es rufen?	?	?
15. Wenn Sie auf ein Spielzeug am anderen Ende des Zimmers zeigen, schaut Ihr Kind es dann an?	?	?
16. Kann Ihr Kind laufen?	?	?
17. Schaut Ihr Kind Dinge an, die Sie gerade anschauen?	?	?
18. Macht Ihr Kind ungewöhnliche Fingerbewegungen nah an seinem Gesicht?	?	?
19. Versucht Ihr Kind zu erreichen, dass Sie seinen Handlungen Aufmerksamkeit schenken?	?	?
20. Haben Sie sich jemals gefragt, ob Ihr Kind gehörlos sein könnte?	?	?
21. Versteht Ihr Kind, was Leute sagen?	?	?
22. Starrt Ihr Kind manchmal ins Leere oder läuft ziellos herum?	?	?
23. Schaut Ihnen Ihr Kind ins Gesicht, um Ihre Reaktion zu überprüfen, wenn es etwas nicht Vertrautem begegnet?	?	?

Deutschsprachige Adaptation von Sven Bölte (2005)
© 1999 Diana Robins, Deborah Fein & Marianne Barton / Originalpublikation: Robins, D., Fein, D., Barton, M. & Green, J. (2001). The Modified Checklist for Autism in Toddlers: An initial study investigating the early detection of autism and pervasive developmental disorders. Journal of Autism and Developmental Disorders, 31, 131-144.

(vgl. Universitätsklinikum Frankfurt 2017)